C.H.BECK ■ **WISSEN**

in der Beck'schen Reihe

Der Freiherr vom Stein zählt zu den wichtigsten Gestalten der deutschen Geschichte: als ein Mann, der in Preußen grundlegende Reformen anstieß, die diesem deutschen Staat das Tor in die Moderne öffneten, als geistiger Vater des Prinzips der kommunalen Selbstverwaltung, als ziviler Organisator des antinapoleonischen «Befreiungskriegs». Die Biographie aus der Feder des renommierten Historikers und Stein-Forschers Heinz Duchhardt stellt den preußischen Beamten und Staatsmann in den Kontext seiner Epoche und nimmt auch den Privatmann in den Blick.

Heinz Duchhardt ist Professor für Neuere Geschichte und Direktor der Abteilung für Universalgeschichte des Instituts für Europäische Geschichte Mainz. 2007 erschien seine große Stein-Biographie.

Heinz Duchhardt

FREIHERR VOM STEIN

*Preußens Reformer
und seine Zeit*

Verlag C. H. Beck

Originalausgabe
© Verlag C. H. Beck oHG, München 2010
Gesamtherstellung: Druckerei C. H. Beck, Nördlingen
Umschlagabbildung: Karl Reichsfreiherr vom und zum Stein.
Kopie (1804) von W. Körber nach einem Gemälde von Johann
Christoph Rincklake. © bpk/Villa von der Heydt/SPK
Umschlagentwurf: Uwe Göbel, München
Printed in Germany
ISBN 978 3 406 58787 0

www.beck.de

Inhalt

Vorwort

Der Freiherr vom Stein wurde bei einer ZDF-Umfrage im Jahre 2003 zwar nicht mehr unter den 200 «größten» Deutschen genannt, aber der preußische Reformer hat in der politischen Kultur der Bundesrepublik Deutschland nach wie vor seinen Platz. Die höchsten Repräsentanten des Staates haben ihm im Gedenkjahr 2007 (250. Geburtstag) ihre Reverenz erwiesen, denn Stein ist als geistiger Vater des Prinzips der kommunalen Selbstverwaltung, als ein Reformer, der mit Nachdruck das Engagement des Bürgers für seinen Staat einforderte, der den staatsnahen Bürger und den bürgernahen Staat postulierte, unverändert ein Begriff – ob er «Deutschlands größter innerer Staatsmann» war, wie der Staatsrechtler und aktive Politiker Hugo Preuß ihn 1917 genannt hat, bleibe dabei auf sich gestellt. Gleichwohl muss man nüchtern konstatieren, dass dieses Bewusstsein heute nur noch für relativ wenige Menschen gilt und – unbeschadet der Tatsache, dass die preußischen Reformen unverändert in den Curricula der gymnasialen Oberstufe implementiert sind – die Frage nach Steins Bedeutung von den Jüngeren heute wohl eher mit einem hilflosen Achselzucken beantwortet würde.

Ich danke dem Verlag für das Vertrauen und für die sorgfältige redaktionelle Betreuung des Büchleins und verbinde damit die Hoffnung, dass auch diese «kleine» Stein-Biographie das eine oder andere Klischee zurechtrückt, das sich mit dem Namen des Protagonisten verbindet, und dass es gelungen ist, einen Kleinadligen, der sich vom Anspruch her auf dem Niveau des Hoch- und Höchstadels bewegte, in seinen Bindungen und Denkkategorien, die von denen unserer Gegenwart doch ein ganzes Stück entfernt sind, «verstehbar» zu machen.

Mainz, im Juni 2009 H. D.

Prolog

Den Weg, den der von seinen eigenen Pferden gezogene Trauer-
wagen nahm, der seinen Leichnam von seinem Alterssitz Cappenberg nahe dem westfälischen Lünen zum Stammsitz seiner
Familie in Nassau und von dort zur Familiengruft in Frücht
überführte, säumten im frühen Juli 1831 Tausende Menschen.
Obwohl die preußischen Behörden alles andere als zu einer letzten Reverenz gegenüber dem ehemaligen Minister und Reformer ermuntert oder gar aufgerufen hatten und das publizistische Echo zu seinem Ableben bemerkenswert gering hielten,
war die spontane Anteilnahme der Bevölkerung ein untrügliches
Indiz dafür, dass seine reformerischen Leistungen und sein Bemühen, die Koalition gegen die Überfigur der Epoche, Napoleon Bonaparte, zu schmieden und zum militärischen und politischen Erfolg zu führen, auch Jahrzehnte nach den Ereignissen
keineswegs der Vergessenheit anheimgefallen waren. War das
Gedächtnis der Menschen im Vormärz länger und intensiver als
am Beginn des 21. Jahrhunderts, oder wurden seine staatsmän-
nischen Leistungen als so erheblich eingestuft, dass man sie in
die Nähe eines säkularen Ereignisses rückte?

Denn Stein wurde bereits seit der Mitte des 19. Jahrhunderts
zum Gegenstand einer Erinnerungskultur, die ihresgleichen
suchte. Sie schlug sich in einer Fülle von teils populären, teils an
ein wissenschaftliches Publikum gerichteten Biographien nieder,
sie spiegelte sich in Denkmälern und auch darin, dass ihn alle
politischen Gruppierungen von den Demokraten des Vormärz
und später den Liberalen bis hin zu den Konservativen als einen
der Ihren für sich reklamierten. Kaum eine zweite historische
Gestalt der deutschen Moderne hat derart lagerübergreifend als
ein zentraler Bezugspunkt des je eigenen Weltbildes gewirkt, als
Mit-Architekt des modernen Deutschland und als moralische
Autorität.

Das muss Gründe haben. Sie liegen zum einen sicher darin, dass er eine der Persönlichkeiten war, die für einen, in der Sicht des 19. Jahrhunderts wichtigsten deutschen Teilstaat – für Preußen – das Tor zur Moderne aufgestoßen haben, ohne es freilich schon weit öffnen zu können. Die sog. Bauernbefreiung, vor allem aber die Städtereform und das ihr zugrunde liegende Ethos der kommunalen Selbstverwaltung und der moralischen Pflicht jedes Staatsbürgers, sich für das Wohl seines Gemeinwesens zu engagieren, haben in Deutschland eine singuläre politische Kultur geschaffen, auf die sich alle politischen Systeme, die Deutschland seit 1871 erlebte, bezogen haben – ohne freilich dieser Kultur immer gerecht zu werden. Das gilt für das Bismarck- und das Wilhelminische Reich ebenso wie für die Weimarer Republik, das gilt für das NS-Regime ebenso wie für die DDR und die Bundesrepublik Deutschland. Zum anderen blieb Stein im allgemeinen Bewusstsein der Zeitgenossen als der von Napoleon Bonaparte geächtete entlassene preußische Minister, der den Befreiungskrieg gegen den Kaiser der Franzosen heraufgeführt, für seine Logistik verantwortlich gezeichnet und ihn letztlich auch zu einem Erfolg geführt habe. Wenn man sich vergegenwärtigt, welche Bedeutung die – direkte oder indirekte – Fremdherrschaft der Jahre seit 1806 für die Bildung und die Vertiefung eines nationalen Bewusstseins der noch nicht in einem «nationalen» Staat miteinander verbundenen Deutschen hatte, wie sehr sich ihr Wille, ein Ganzes zu werden, gerade den Erfahrungen der «Franzosenzeit» verdankte, dann wird deutlich, dass Männer wie Stein oder auch Ernst Moritz Arndt für die Zeitgenossen die gleiche Funktion hatten wie die militärischen Führer Blücher oder Gneisenau. Ein dritter Gesichtspunkt für die Vereinnahmung Steins durch nahezu alle politischen Lager und alle politischen Systeme muss darin gesehen werden, dass das Deutschland der nachnapoleonischen Ära kaum einen Staatsmann hervorbrachte, der so grundsätzlich über den Staat, die Bürger, die Gesellschaft, die Freiheitsrechte und vieles andere nachdachte – und dieses Nachdenken zu Papier brachte – wie der mittelrheinische Reichsritter, der nicht zufällig eine ganze Zeitlang sehr eng mit einem der anderen

Grundsatzdenker der Zeit, mit Wilhelm von Humboldt, zusammenarbeitete. Und viertens schließlich ist Steins Bedeutung für die Ausbildung einer kritischen und systematischen Geschichtswissenschaft in Deutschland ganz unbestritten.

Alle diese Aspekte machten es für die Zeitgenossen, aber auch die Menschen späterer Epochen zu einer Selbstverständlichkeit, dass Stein in die 1842 der Öffentlichkeit übergebene Walhalla als «Weihestätte der Deutschen» Aufnahme fand: mit einer Büste, deren Vorlage 1821 in Rom entstanden war. Stein galt Generationen von Deutschen als die Inkarnation von Deutschtum schlechthin: von klarem Denken und klaren Prinzipien, von Unbeugsamkeit und Furchtlosigkeit, von der Fähigkeit, auch mit Niederlagen fertig zu werden. Eine Auszeichnung dieser Art konnte in der damaligen Zeit nicht hinterfragt werden, aber sie wurde im Fall Stein auch nie hinterfragt.

I. Frühe Optionen und Weichenstellungen

Dem mitten im Siebenjährigen Krieg, am 25. Oktober 1757, in dem winzigen Städtchen Nassau an der unteren Lahn als Spross eines sich bis ins 13. Jahrhundert zurückführenden reichsritterschaftlichen Geschlechts geborenen Jungen, der wenige Tage später in der evangelischen Pfarrkirche auf den Namen Heinrich Friedrich Karl getauft wurde, war es freilich nicht an der Wiege gesungen worden, dass er eines Tages mitten im Rampenlicht des öffentlichen Interesses stehen und in der Erinnerungskultur der Deutschen einen derart prominenten Platz einnehmen würde. Im Herbst 1757 hatte der kontinentale Teil des rasch alle europäischen Mächte einbeziehenden Kriegs – der ja auch noch eine überseeisch-koloniale Komponente hatte – diese Region des Reiches zwar bisher noch verschont, aber Krieg war Krieg – und damit einher gingen Unsicherheit und ungewisse Perspektiven. Und in einen direkt an einer der Kommunikationsachsen des Alten Reichs und damit Zentraleuropas gelegenen Ort wie Nassau gelangten natürlich Informationen über das Kriegsgeschehen, das gerade im Herbst 1757 mit den Schlachten von Kolin, Rossbach und Leuthen erste Höhepunkte erlebte und in das ein Bruder der Mutter unmittelbar involviert war. Dass der Informationsfluss gerade hier besonders rege war, verdankte sich freilich auch der Tatsache, dass das Schloss derer vom und zum Stein zu einem Anziehungspunkt für viele Reisende, vor allem Intellektuelle wurde.

Das hatte insbesondere etwas mit der Mutter des kleinen Karl und seiner Geschwister – vier Mädchen und vier Jungen (von denen einige an anderer Stelle noch etwas näher vorgestellt werden) sollten das Erwachsenenalter erreichen, Karl war der zweitjüngste – zu tun. Henriette Karoline aus der ebenfalls reichsritterschaftlichen Familie Langwerth von Simmern stand den geistigen Bestrebungen der Zeit ausgesprochen offen gegenüber; sie war beispielsweise mit Sophie von Laroche ebenso befreundet wie mit dem Schweizer Theologen Lavater. In zweiter Ehe – die erste mit einem niedersächsischen Adligen hatte nur kurz gewährt – mit dem kurmainzischen Hofbeamten Karl Philipp vom Stein verheiratet – auf das Paradoxon, dass in den geistlichen Staaten die protestantischen Funktionsträger nach wie vor Karrierechancen hatten, soll wenigstens beiläufig hingewiesen werden –, war das Nassauer Schloss zu einem Musenhof *en miniature* geworden, wo beispielsweise neben Lavater auch Goethe, Basedow oder Georg Melchior Kraus Station machten und sich vom Charme und der mit tiefer Frömmigkeit gepaarten Belesenheit der Hausherrin einnehmen ließen. Dementsprechend wurde auf die Erziehung der Kinderschar große Sorgfalt verwendet – wie in dieser sozialen Schicht üblich: durch theologisch gebildete Hauslehrer, die durchgehend aus Oberdeutschland oder dem Elsass stammten und den Kindern unter anderem eine exzellente Kenntnis des Französischen vermittelten; Karl sollte bis an sein Lebensende den weitaus größten Teil seiner Korrespondenz, selbst mit seiner späteren Ehefrau und seinen beiden Töchtern, in dieser Sprache führen, trotz aller frankophoben Tendenzen, die sich spätestens nach Ausbruch der blutigen Phase der Revolution bei ihm entwickelten. Für seine Karriere war das auch unabdingbar, in der *lingua franca* der damaligen Zeit absolut sattelfest zu sein. Beim Unterricht wurde aber auch auf die Geschichte und die musischen Fächer besonderer Wert gelegt, ohne dass Stein deswegen zu einem begeisterten Opern- oder Schauspiel-Besucher geworden wäre oder sich malend, zeichnend oder sammelnd mit der Kunst seiner Zeit beschäftigt hätte. Wenn Stein sich später zur Kunst hingezogen fühlte, dann waren es die mittelalterlichen Artefakte, die er als Ausweis der Hoch-Zeit deutscher Kultur verehrte und in Maßen auch sammelte. In späteren Jahren hat Stein die Erziehung von Kindern nur durch Hauslehrer deutlich kritisiert und ihrer Teilnahme am öffentlichen Unterricht eindeutig das Wort geredet – was freilich, situationsbedingt, bei seinen eigenen Kindern dann auch nicht umgesetzt werden konnte. Nicht weniger wichtig für die Kinder – und vor allem das zweitjüngste, Karl – als die gute Erziehung war die Erfahrung des – wie Otto Brunner das formulierte – «adligen Landlebens», das bei Karl lebenslang eine besondere Hochschätzung bäuerlich-agrarischer Lebensformen nach sich zog und im Gegenzug viele Aversionen gegen die ganz großen Städte, mochten sie nun Berlin, Wien oder Paris heißen.

Als die Kinder, die Sophie von Laroche ihrer Frische und geistigen Regsamkeit wegen so beeindruckten, dass sie auch in ihren Werken Erwähnung fanden, die Elementarausbildung hinter sich gebracht hatten, stellte sich die Frage nach ihrer und der Zukunft der Familie. Denn ihre Besitzungen im Lahngebiet, im Rhein- und Moselgraben und das gesamte damit zusammenhängende Einkommensgeflecht waren – Spiegel einer allgemein angespannten wirtschaftlichen Lage dieser sozialen Gruppe – längst nicht ausreichend, um mehrere Kinder zu versorgen, so dass die Eltern frühzeitig einen Familienfideikommiss errichteten, der einem Sohn das Gesamterbe zusprach, um das Besitztum vor Zersplitterung und Parzellierung zu bewahren. Warum man auf den zweitjüngsten verfiel, ist mit letzter Klarheit nicht zu ermitteln – die beiden älteren Brüder hatten sich frühzeitig für den Militärdienst entschieden und boten vielleicht auch charakterlich nicht die Gewähr, dass der Besitz zusammengehalten und nach Möglichkeit vermehrt würde – reichsritterschaftliche Kleinadelsfamilien dieser Art, auch wenn sie (in diesem Fall 1669) in den Reichsfreiherrenstand aufgestiegen waren, waren im 18. Jahrhundert nie auf Rosen gebettet, umso weniger wenn sie, evangelisch geworden, von den reichen Stiftspfründen an der rhein-mainischen «Pfaffengasse» abgeschnitten waren. Ausnahmen auf katholischer Seite wie etwa die Schönborn, denen ihre Ämter in der *Germania Sacra* und im Kaiserdienst zu einem atemberaubenden Aufstieg verhalfen, waren weit eher die Ausnahme als die Regel.

Umso mehr Aufmerksamkeit war darauf zu verwenden, dass der vom Fideikommiss Begünstigte nun auch eine Ausbildung erhielt, also zukünftig nicht gezwungen war, nur von den Familiengütern zu leben. Die Eltern – wohl eher die rührige, feinnervige, ganz in den geistigen Bewegungen der Zeit stehende

Mutter als der als eher ernst und vielleicht sogar ein wenig farb-
los beschriebene Vater – verfolgten dabei eine Doppelstrategie:
Zum einen brachten sie ihren Sohn bei einigen mitteldeutschen
– also protestantischen – Domstiften ins Gespräch und sorgten
dafür, dass er wenigstens Anwartschaften auf dortige Dompfrün-
den erhielt; dass Stein seit den frühen 1790er Jahren dann tatsächlich zehn Jahre lang Domherr in Brandenburg sein sollte
und eine entsprechende Pfründe verzehrte, ist damals vorbereitet worden. Und das andere war, dem Hoffnungsträger und
zukünftigen Stammhalter eine über den Unterricht durch die
Hauslehrer hinausgehende zusätzliche Ausbildung zu verschaf-
fen, die ihm auch noch andere berufliche Optionen eröffnete.
Das war in erster Linie über ein Studium denkbar.

Das Verhältnis des deutschen Adels zur Institution «Universität» war zwar lange eher problematisch gewesen, aber diese
Zeiten lagen weit zurück. Adel und Universität war kein Gegen-
satz mehr, die zukünftigen Domherren mussten ja ohnehin ein
Studium absolvieren, und bei ihren protestantischen Vettern
hatte es sich ebenfalls längst herumgesprochen, dass man damit
die Karrierechancen erhöhte – auch wenn man, ein adliges *Reser-
vatum*, das Studium längst nicht immer formal, also mit einem
akademischen Grad, abschloss. An sich hätte es für einen Kleinadligen vom Mittelrhein nahegelegen, benachbarte Universi-
täten – etwa Trier oder Mainz – zu wählen, aber diese Hohen
Schulen taten sich mit Protestanten nach wie vor schwer, so dass
die Entscheidung wohl rasch fiel: Wenn schon Studium, dann
an der renommiertesten Hochschule des Reiches, *der* Exzellenz-
universität der damaligen Zeit, in Göttingen, umso mehr als die
Mutter aus ihrer ersten Ehe noch Verbindungen nach Niedersachsen hatte. Und so sieht man den jungen Mann – selbstredend unter der Aufsicht eines (ungeliebten) Hofmeisters und
unter strenger «Fernbedienung» seiner besorgten, von Stein im
Prinzip aber über alles geliebten und verehrten Mutter – seit
1773 in Göttingen studieren, und zwar, formal als «stud. jur.»,
die ganze Breite der Disziplinen: von der Geschichte, in der er
bereits über beachtliche Kenntnisse verfügte, bei Schlözer und
dem Reichsrecht bei der Koryphäe schlechthin, Johann Stephan

Pütter, über die Jurisprudenz bei Boehmer und Selchow bis hin zur Philosophie bei Feder, zur Philologie und Ethnologie bei Meiners und zur Montanistik. Und Göttingen wurde für ihn im wahrsten Sinn des Wortes das Tor zu einer neuen Welt: einer Welt, in der er adlige und nichtadlige Freunde aus Niedersachsen und aus ganz Europa fand, mit denen er intensiv über Grundsatzfragen der gesellschaftlichen Entwicklung diskutierte und die an verschiedenen Stationen seines Lebens immer wieder auftauchten, einer Welt, in der er zudem die moderne staatsphilosophische Literatur seiner Zeit geradezu in sich aufsog. Hier spielte Montesquieu natürlich eine besondere Rolle, aber etwa auch die gesamte englisch-schottische Aufklärung. Überhaupt hat Stein in Göttingen – im Stammland der englischen Königsdynastie gelegen – eine tiefe und lebenslange Affinität zu dem Gemeinwesen jenseits des Kanals entwickelt, dessen Struktur mit der weitgehenden Einbeziehung des Niederadels, der *Gentry*, in die Lokal- und Regionalverwaltung ihn auf Dauer prägte und dessen Freiheitsrechte ihn faszinierten. Er ist in seinem Leben nur ein einziges Mal in England gewesen, und dieser Aufenthalt stand unter keinem guten Stern, aber von allen europäischen Gemeinwesen hat ihn das englische mit Abstand am nachhaltigsten angesprochen.

Göttingen hat sein Weltbild entscheidend geprägt. Traditionell stand die rheinische Reichsritterschaft dem Modellstaat des 18. Jahrhunderts, Frankreich, eher reserviert, wenn nicht kritisch gegenüber, und das hat sich auch bei Stein während des Studiums nicht nachhaltig verändert – das 1756 zustande gekommene Bündnis zwischen der Wiener Hofburg, seiner eigentlichen Referenzadresse, und Versailles hatte deswegen auch eher Ratlosigkeit hervorgerufen. Aber dem stand die Hochschätzung der französischen Aufklärung – sicher nicht ihrer radikalen kirchen- oder systemkritischen Form – gegenüber, und die gemäßigte Aufklärung wurde deshalb sehr beifällig, Rousseau oder auch Holbach wohl eher kritisch unter den Studienfreunden diskutiert. England mit seinen Institutionen und seiner politischen Kultur wurde für Stein zum großen Ideal seines ganzen Lebens, Schlözers Ansatz, die altdeutsche «Libertät» mit der modernen, auf Gewaltenteilung zielenden Verfassungslehre zu versöhnen und zu verbinden, wurde für ihn zum Faszinosum, seine Hochschätzung von Ständevertretungen zum Zweck der Zügelung despotischer Fürstenwillkür zum Lebensprinzip. Stein lernte die Interdependenz von Recht und Geschichte erkennen, gewann einen neuen Eindruck von öffentlichem Geist und staatlich-gesellschaftlicher Bindung des Menschen, wurde auch mit den großen sozialen Problemen seiner Zeit bekannt gemacht, also etwa der Bauernbefreiung, der Armenproblematik, der Landflucht, der «Gemeinnützigkeit». Göttingen öffnete aber auch den Blick für bisher völlig fremde Welten, für Russland, wo Schlözer lange gelehrt hatte und das in Steins Weltbild seitdem als Teil des europäischen Systems seinen festen Platz hatte, auch für die Kolonien in Nordamerika, die gerade dabei waren, sich auf Dauer vom britischen Mutterland zu emanzipieren. Nicht zu vergessen: Stein lernte Englisch und auch Italienisch, eine Sprache, derer er sich später freilich kaum zu bedienen Anlass hatte.

Stein verließ Göttingen als ein emanzipierter junger Mann, der seine Sturm-und-Drang-Zeit, wenn er sie denn je wirklich erfuhr, hinter sich gebracht hatte. Die Frage bleibt freilich, ob sein geistig-politisches Koordinatensystem schon in jeder Hinsicht gefestigt war. Gesichert aber waren auf jeden Fall seine grundsätzlichen Perspektiven und vielleicht bis zu einem gewissen Grad seine Bereitschaft zur ständigen Selbstkritik. Erhellend hierfür ist ein wenig später datierter Brief an seinen engsten Freund nach den Studentenjahren, Friedrich Wilhelm von Reden. Keine Leidenschaft, so lesen wir dort, könne den Zustand ruhiger Zufriedenheit bewirken, den «eine beständige bestimmte Thätigkeit für das allgemeine Beste» verleihe. Von einem Leben, das nur aus einer Abfolge «unzusammenhängender Befriedigungen einzelner Wünsche» bestehe, hielten ihn der unwiderstehliche Drang zum Neuen und sein Abscheu gegenüber dem «Heer sich zudrängender mechanischer Geschäfte» ab. Sein wichtigster Charakterfehler sei «ein äußerst reizbarer und gespannter Stolz», der auf Dritte verletzlich wirken könne und auch seine Intoleranz gegenüber Mitmenschen erkläre, die ihm gelegentlich zum Vorwurf gemacht würden. Nicht jeder junge Mensch sieht sich in seinen frühen 20er Jahren selbst so deutlich! Gewiss hatten seine Hauslehrer und seine Göttinger Freunde ihm wohl gelegentlich einen Spiegel vorgehalten, aber die Nüchternheit, mit der er seine menschlichen Schwächen analysierte, bleibt bemerkenswert.

Dem Studium schloss sich in der sozialen Schicht, der er angehörte, eine (quellenmäßig leider eher schwach beleuchtete) sog. «Kavaliersreise» an, die sich bei ihm freilich nicht an den gewohnten Routen – Venedig, Rom, Neapel, Versailles – orientierte und auch nicht an Reisewegen, die im protestantischen Adel häufiger wurden (Niederlande, England), sondern sich auf das Reich beschränkte und von vornherein somit eher berufsorientierenden Charakter hatte: Neben Besuchen einiger (katholischer und protestantischer) Fürstenhöfe im deutschen Südwesten, darunter von Mainz, dem Dienstsitz seines Vaters, zählten Aufenthalte an den Stätten der Reichsinstitutionen hinzu: Wetzlar als Sitz des Reichskammergerichts, wo Stein – wie viele Standesgenossen und Bürgerliche – eine Art Praktikum absolvierte, Regensburg als Stadt des (immerwährenden) Reichstags, wo ihn das Übermaß an Etikette einer geschlossenen Diplomatengesellschaft wohl eher abstieß als anzog, Wien schließlich, die Kaiserstadt und der Sitz des Reichshofrats. Es unterliegt keinem Zweifel, dass die Eltern für den jungen Universitätsabsolventen eine Beamtenkarriere auf landesherrlicher oder Reichsebene ins Auge gefasst hatten, jedenfalls ihn im Umkreis der Kaiserdynastie und ihrer konfessionsübergreifenden Klientel sehen wollten. In seiner Autobiographie, die Anfang der 1820er Jahre konzipiert wurde, nennt er ganz konkret den Justizdienst auf Reichsebene, der seinen Eltern vorgeschwebt habe. Der junge Mann entschied sich anders – ganz anders.

2. Eine preußische Beamtenkarriere

Seiner Jahrzehnte später auf Anregung des damaligen bayerischen Kronprinzen und späteren Königs Ludwig I. zu Papier gebrachten knappen Autobiographie zufolge war es die Gestalt Friedrichs II., den schon die Zeitgenossen seit dem Siebenjährigen Krieg als «den Großen» bezeichneten, die ihn faszinierte und in ihm den Entschluss reifen ließ, sich um die Aufnahme in den preußischen Verwaltungsdienst zu bemühen. In der Familie hatte das keine Tradition, wiewohl einer seiner Brüder in den preußischen Militärdienst eingetreten war. Der reichsritterschaftliche Adel war traditionell auf die Wiener Hofburg ausgerichtet, weil seine Existenz von ihrer Protektion abhängig war und weil er im Kaiserhaus die einzige Stütze gegen die benachbarten und immer wieder Nadelstiche versetzenden Territorialfürsten zu sehen meinte. Ein Paradigmenwechsel, also die politisch-soziale Umorientierung eines Großteils dieser Schicht und damit der Verlust einer traditionellen Klientel, musste dem kaiserlichen Wien nachhaltig zu denken geben. Die abrupte Wendung einer ganzen Generation von jungen Leuten nach Berlin ist ein Indiz dafür, dass Preußen in den ausgehenden 1770er Jahren als der mit Abstand modernere der beiden deutschen Orientierungsstaaten erschien, zumal im Kaiserstaat von der alten Maria Theresia viele Reformansätze des jungen Kaisers einstweilen noch abgeblockt wurden und die josephinischen Reformen sich erst einige Jahre später entfalten konnten. Aber auch der als sensationell eingestufte und alle traditionellen Denkmuster konterkarierende Bündniswechsel der Hofburg an die Seite der Bourbonen hatte viele verstört.

Preußen also sollte es sein: der eher karge und spartanische Staat im deutschen Nordosten (mit Ausläufern freilich bis an den Niederrhein), der von seinen Untertanen seit jeher viel verlangt hatte, dem der Aufstieg zu einer europäischen Großmacht nicht in den Schoß gefallen war, der mit spektakulären Reformvorhaben wie dem Allgemeinen Preußischen Landrecht von sich reden gemacht hatte und dessen König die Aura des Unbesiegbaren umgab. Friedrich II. sollte bis ans Ende seiner Tage ein fester Referenzpunkt in Steins Weltbild bleiben, an dem er die beiden Hohenzollernfürsten, die ihm nachfolgten (Friedrich Wilhelm II., Friedrich Wilhelm III.), unnachsichtig maß – und für weitaus zu leicht befinden sollte. Aber trotz dieser z. T. massiven Kritik an Friedrichs II. eher schwachen, die Erfordernisse der Zeit lange nicht erkennenden Nachfolgern: Stein sollte in den knapp 28 Jahren, die er diesem Staat diente, zu einem wirklichen Preußen werden, und es lag deswegen auch in der Logik der Sache, dass er nach seinem keineswegs freiwilligen Ausscheiden aus dem preußischen Dienst sich dort auf Dauer niederließ und die preußische «Staatsbürgerschaft» erwarb.

Behilflich bei diesem Versuch des jungen Stein, in den preußischen Verwaltungsdienst aufgenommen zu werden, war freilich – neben einem Brief von Steins Mutter an den Monarchen, für den sie gleich mehrfach über den eigenen Schatten gesprungen war – eine ganz direkte Protektion, in deren Genuss er kam. Der hoch angesehene preußische Minister für das Bergwerkswesen Friedrich Anton von Heinitz war über seine zweite Ehefrau mit den Stein eng verbunden, und vielleicht war er es sogar, der Karl in diese Richtung lenkte. Jedenfalls hat Stein Heinitz bis an sein eigenes Lebensende verehrt – eine kleine Heinitz-Büste zierte seinen Berliner Schreibtisch, und es war auch kein Zufall, dass sich seine Korrespondenz mit dem pommerschen Oberpräsidenten Sack aus den Jahren unmittelbar vor seinem Tod immer wieder um ihr gemeinsames Idol drehte. Stein zählte Heinitz, wie aus einem Brief an dessen Witwe hervorgeht, neben seiner Mutter zu den beiden Menschen, denen er «die Entwicklung und Richtung seiner Anlagen zu danken habe».

Die Entscheidung für Preußen hieß freilich nicht, dass der junge Absolvent der *Georgia Augusta* seine emotionale Bindung an das Reich lockern wollte. An Steins Affinität zum Reich darf – trotz seiner am Ende langen Dienste für Preußen, das ja schon seit geraumer Zeit im Verdacht stand, am Erhalt dieses altehr-

würdigen Gebildes nicht mehr sonderlich interessiert zu sein –
nicht gezweifelt werden. Stein hat sich niemals zu einem Kriti-
ker entwickelt, der das ganze Reichssystem – also den Verbund
von Gemeinwesen, die keinen europäischen Ehrgeiz entfalteten
und die in der Lage waren, mittels eines hoch elaborierten In-
strumentariums ihre Konflikte selbst, d. h. friedlich, zu lösen –
zur Disposition stellen wollte. Seine ganze Politik auf dem Wiener Kongress sollte vielmehr darauf abzielen, möglichst viel von
diesem Alten Reich in die neue Zeit hinüberzuretten. Wie hätte
das bei einem Mann, der wusste, wie elementar sein Stand auf
den Reichsrahmen angewiesen war, und dessen Vater immerhin
als Kurmainzer Beamter an drei Kaiserkrönungen teilgenom-
men hatte, auch anders sein können?

1780 wurde Stein in den preußischen Verwaltungsdienst aufgenommen und dem (seit 1768 als selbständige Einheit im Generaldepartement verankerten) Departement Heinitz zugeteilt –
eine kleine Kaderschmiede der preußischen Administration,
gingen aus ihr doch z. B. Hardenberg, Friedrich Wilhelm von
Reden, Johann August Sack und auch Alexander von Humboldt hervor. Obwohl er in seiner engeren Heimat an Lahn
und Sieg mehr als einmal Bergwerke besucht haben wird, sich
in Göttingen mit der Montanistik beschäftigt und von dort
wohl auch den Harz bereist und auf seiner Berufsorientierungs-
reise die oberungarischen Bergwerke besichtigt hatte, war Stein
auf diesem Feld natürlich noch längst kein Experte – und das
bedeutete: Reisen, um Anschauungsunterricht zu erhalten, Spezialkurse, um praktisch und theoretisch auf festen Boden zu ge-
langen. Diese Reisen führten ihn von Ostpreußen, Polen und
Schlesien bis in den Harz und die Westgebiete der Monarchie
und vermittelten ihm erstmals auch einen Eindruck von viel
großflächigeren Kulturlandschaften und Sozialsystemen als
jenen, die ihm geläufig waren. Die Spezialkurse wurden an der
Freiberger Bergakademie und bei Berliner Professoren absol-
viert. Stein hat das alles zur vollen Zufriedenheit seines Mentors
bewältigt, und 1784 wurde dem 27-Jährigen die Gesamtleitung
des Montanwesens in der Grafschaft Mark übertragen. Das war
für die Zeitgenossen nichts völlig Ungewöhnliches – als sein

späterer intimster Freund Reden 1779 die Leitung des Breslauer Oberbergamts übernahm, war er genauso alt –, lässt aber etwas ahnen von dem Vertrauensvorschuss, den Heinitz und die Berliner Behörden dem jungen Mann einzuräumen bereit waren. Denn das Bergwerkswesen war ja nicht irgendein Zweig der Verwaltung, sondern eine Zukunftsbranche, eine Zukunftstechnologie, der im Gesamtkontext der Wirtschaftspolitik des Staates eine zentrale Rolle zukam, nicht zuletzt im Hinblick auf die Waffenproduktion und -technologie, und auf die infrastrukturell – Straßen, Kanäle usw. – dank Heinitz' Aktivitäten inzwischen vieles zugeschnitten wurde.

Die Rolle, in einer Region beginnen zu müssen, die häufig als ein «Stiefkind des friderizianischen Staates» apostrophiert worden ist, nahm Stein zwar nicht ganz klaglos hin, sah aber wohl, dass er hier wie in einem Laboratorium der Modernisierung jene Fäden wieder aufnehmen konnte, die Heinitz schon gesponnen hatte – aus einer strukturell begünstigten Provinz ein Vorbild für den Gesamtstaat zu machen, Fortschritt in diesem «Preußen zweiter Klasse» zu exemplifizieren. In seiner Autobiographie verschweigt er nicht, dass ihm dabei Fehler und Fehleinschätzungen unterlaufen sind, etwa in Bezug auf das Gleichgewicht zwischen staatlichem Dirigismus und unternehmerischer Gestaltungsfreiheit. Er musste in diesen Jahren – mit Dienstsitz in Wetter, das, abgesehen von seiner Lage im idyllischen Ruhrtal, in gesellschaftlich-kultureller Hinsicht nicht viel auszeichnete – wohl auch erstmals die Erfahrung machen, dass Menschenführung etwas war, was einem an der Universität nicht vermittelt werden konnte – sein aufbrausendes Temperament, seine (zu) hohe Erwartungshaltung Mitarbeitern gegenüber sollten ihm noch mehr als einmal im Wege stehen. Stein als Dienstvorgesetzter – viele Untergebene konnten sich Schöneres vorstellen.

Trotz alledem war Steins Tätigkeit in und für den märkischen Bergbau eine Erfolgsgeschichte, die nur mit einer einzigen Zahl belegt werden soll: zwischen 1777 und 1802 wuchs die Jahresförderung der märkischen Zechen von 60 000 auf fast 190 000 t. Diese Zuwächse gründeten einerseits in der Vermittlung der modernsten Technologien in den Ruhrbergbau, dann aber auch in dem Bemühen, die staatliche Aufsicht über die Grubenbetriebe zu intensivieren, in der Beendigung der «schmutzigen» Konkurrenz der Gruben und schließlich in der besseren Vernetzung der rohstofforientierten Provinz mit den Industriestandorten an der Sieg, im Sauerland und im Herzogtum Berg. Der Erfolg eines Mannes, der sich in kurzer Zeit zu einem Fachmann für manche Bereiche der Frühindustrialisierung, etwa den Wasserbau, entwickelte und über eine beachtliche Durchsetzungsfähigkeit verfügte, machte über das Heinitz-Departement hinaus Eindruck. Insofern kann es kaum überraschen, dass Steins Aufstieg in der preußischen Administration kontinuierlich weiterging. Als 1792 sämtliche westfälischen Bergämter – das in Ibbenbüren und die Kommission für Minden-Ravensberg – dem neugegründeten Oberbergamt in Wetter unterstellt wurden, war es für niemanden eine Frage, dass dessen Leitung nur ein Mann übernehmen konnte: Stein.

Damals, 1792, gehörte eine Episode bereits einige Jahre der Vergangenheit an, die immerhin für einen Augenblick die Perspektive eröffnet hatte auf die Fortsetzung seiner Karriere auf einem ganz anderen Feld: Auf dem Höhepunkt der Vorbereitung des Fürstenbundes, also jenes Verbundes von überwiegend protestantischen Staaten, dessen preußisches Konzept unübersehbar antikaiserlich orientiert war, hatte man Stein mit der Aufgabe betraut, den Mainzer Kurfürsten – und einige andere Fürsten der Region – endgültig in dieses Bündnis zu führen, also Fürsten einer Landschaft, die traditionell eher auf Wien hin orientiert war, zudem mit dem Mainzer Erzbischof *den* geistlichen Reichsfürsten schlechthin. Man setzte sicher auch deswegen auf Stein, der ohne jede diplomatische Erfahrung war, weil ihm von seinem Vater her die Mainzer «Szene» nicht unbekannt war und man wohl darauf hoffte, dass ihm diese Verbindung manche Tür öffnen würde, die sonst eher verschlossen blieb – das Netzwerk sollte der politischen Argumentation Nachdruck verleihen. Am Ende stand tatsächlich der in Berlin erhoffte Beitritt des Kurfürsten Erthal zum Fürstenbund, aber dieser Erfolg, der sich vielleicht bei Steins Übernahme der Aufgabe bereits abgezeichnet hatte, blendete den jungen «Diplomaten» nicht. Die Diplomatie, das Fintieren und Finassieren, das Wägen des Worts, das auf nichts festlegte, das Intrigieren, das war nicht seine Sache – und so viele Angebote ihm die Berliner Zentrale in der Folgezeit auch noch machte, einen Botschafterposten in einer der europäischen Hauptstädte zu übernehmen: Stein kam nie mehr in Versuchung, die Verwaltungstätigkeit mit dem diplomatischen Parkett zu vertauschen. Auch seine großen Reserven gegenüber Männern, die zugunsten der Diplomatie und des geschliffenen Worts Prinzipien zu opfern bereit waren – er dachte hier immer an Hardenberg und Metternich –, haben in dieser Mainzer Erfahrung wohl eine ihrer Wurzeln.

Dann doch eher Westfalen, mit dessen Menschen und Mentalitäten sich Stein allmählich zu arrangieren begann, dessen landschaftliche Schönheit er, fast im Stil des Lobs des Landlebens, immer nachdrücklicher rühmte, eine Aufgabe zudem, die viele Gestaltungsmöglichkeiten bot. Um den Modernisierungsprozess im «Ruhrgebiet» zu beschleunigen, hat Stein 1786/87 eine fast einjährige Studienreise nach England unternommen, um sich über die neuesten technologischen Entwicklungen im dortigen Bergbau kundig zu machen – Reisen dieser Art, auch von preußischen Beamten, in das mit Abstand technologisch führende Land waren keine Seltenheit, und bei Steins notorischer Anglophilie muss man hinzusetzen: es war die Erfüllung eines Jugendtraums. Die Reise stand allerdings unter keinem sehr glücklichen Stern, weil sie von Anbeginn an mit dem Verdacht – und dem Vorwurf – der Industriespionage belastet war und Stein deswegen auch manche Kanäle verschlossen blieben. Am Ende gelang es zwar allen erheblichen Widrigkeiten zum Trotz, mit der Firma Boulton & Watt einen Vertrag über den Ankauf einiger der neuen Dampfmaschinen abzuschließen, aber dass Stein sich seinen ersten England-Aufenthalt ganz anders vorgestellt hatte, steht außer Frage. Da es kaum Quellen gibt, weiß man nicht, wie viel er vom politischen Leben und der politischen Kultur des Inselstaats wirklich aufnehmen konnte, so dass am Ende bei ihm wenigstens ein schaler Beigeschmack zurückblieb. In seiner Autobiographie hat er die England-Reise bezeichnenderweise nur mit zwei Zeilen bedacht. Es sollte bei dieser einzigen England-Reise bleiben – das Inselreich erschloss sich Stein seitdem vollends nur noch über Besucher, über Schriften, über die Presse.

In Westfalen ging derweilen sein Aufstieg in der Verwaltung weiter, wobei ihm nun zunehmend auch Aufgaben in der allgemeinen Verwaltung übertragen wurden. Schon seit 1787, nachdem Heinitz auch noch das westfälische Provinzialministerium innerhalb des Generaldirektoriums übernommen hatte, Vizedirektor (und dann Direktor) der Kriegs- und Domänenkammer für das Herzogtum Kleve und die Grafschaft Mark, 1793 dann Präsident der beiden Domänenkammern mit Dienstsitz in Kleve, 1796 schließlich Oberkammerpräsident sämtlicher westfälischer Verwaltungsbehörden waren markante Stationen dieser Karriere, die freilich mehr und mehr auch von den auf das rechte Rheinufer – und damit die preußischen Westprovinzen – überschwappenden revolutionären Kriegsereignissen belastet wurden, die an Steins Organisationstalent nun völlig neue Anforderungen stellten. Das reichte von der Organisation des preußischen Truppendurchzugs bis hin zum Aufbau eines Lazarettsystems, von der Magazinierung des Proviants bis zur Internierung der französischen Kriegsgefangenen, um nur einige Bereiche zu erwähnen. Wenigstens ebenso wichtig war, dass sein Bild von den Franzosen nun erkennbar ins Negative umschlug, so etwa, wenn er «Leichtsinn, Genussbegierde, Eitelkeit, Veränderlichkeit» als «Hauptingredienzien des Französischen Charakters» zu erkennen und in Frankreich zunehmend das genaue Gegenbild Englands zu erblicken meinte – mit den permanenten Verfassungswechseln seit Beginn der Revolution, mit einer schon länger zerrütteten Administration ohne feste Prinzipien, mit der Bereitschaft gar, eine Dynastie und die vorgegebene Ordnung aufs Spiel zu setzen. Die Revolution – und dann deren korsischer Repräsentant – wurden für ihn zum Bösen schlechthin, zum Synonym für Unrecht, Rechtsbruch, Chaos; mit der Abschaffung der feudalen Strukturen und dem Prinzip der grundsätzlichen Gleichheit aller hat er sich lebenslang nie befreunden können. Dieses Frankreichbild sollte sich nicht mehr grundsätzlich wandeln, in dem sicher auch eine in der Region angelegte Skepsis gegenüber dem großen Nachbarn angelegt war, in dem vor allem aber seine tiefe, europäisch dimensionierte Sorge Ausdruck fand, dass die Entwicklung in Frankreich die Grundlagen des zwischenstaatlichen Zusammenlebens und des kulturellen Fortschritts zerstöre.

Zu all diesen äußeren Belastungen kamen innerfamiliäre Entwicklungen. Die Eltern waren schon vor der Revolution – 1783 bzw. 1788 – verstorben, nun folgten im schnellen Rhythmus etliche seiner Geschwister, darunter auch seine beiden älteren Brüder – der jüngere galt seit einiger Zeit als verschollen. Damit wurde die Frage des Stammhalters dringender denn je, und obwohl Stein keineswegs übergroße Begeisterung zeigte, sich auf eine Eheschließung einzulassen, und die Briefe aus den späteren 1780er Jahren Legion sind, in denen er das Hohelied der Einsamkeit gesungen hatte, erschien es nun doch unumgänglich, das zu ändern. Nachdem verschiedene Kandidatinnen – auch aus seinem Mainzer Umfeld –, immer auch nach Maßgabe der Tugenden und Qualitäten seiner Mutter, geprüft und wieder verworfen worden waren, lief die Suche am Ende auf die deutlich jüngere Gräfin Wilhelmine von Wallmoden zu, die Stein 1790 kennen gelernt hatte. Im Sommer 1793 hat er sie schließlich geheiratet. Es war – wenn man die zwischen den beiden gewechselten Briefe unvoreingenommen liest – wohl eher eine Vernunftehe als eine, in der das Erotische die dominierende Rolle gespielt hätte. Die niedersächsische Gräfin aus einer sehr angesehenen, sogar mit dem englischen Königshaus verwandten Familie sollte ihrem Mann zwei (1796 bzw. 1803 geborene) Töchter schenken, womit das kunstvolle Gebäude des Fideikommisses schon bald in sich zusammenfiel, weil es ja auf dem Prinzip der männlichen Erbfolge ruhte. Ob es ein guter Start in die junge Ehe war, dass Stein seine Frau, die den Glanz des hannoverschen Hofes gewohnt war, die Bälle, Soireen und Gesellschaften, zunächst einmal an seinen Dienstsitz in Wetter an der Ruhr führte, ein wirklich glanzloses Kleinststädtchen, in dem das Schützenfest schon das absolute *Highlight* des gesellschaftlichen Lebens darstellte? Stein hat in den 1820er Jahren in einem Gespräch mit einem westfälischen Bekannten zwar die Jahre in Wetter als die glücklichste Zeit seines Lebens charakterisiert, aber der Rückblick hat die Erfahrung der Gegenwart dann wohl doch etwas geschönt. Es gab Freunde Steins, die ernsthafte Zweifel hatten, ob die Ehe wirklich glücklich wurde; vielleicht lag das freilich nicht nur an Steins Unstetigkeit und seinem Nomadenleben, sondern auch an Wilhelmine, deren «Kälte und Unlebendigkeit» die Humboldts bedauerten und der sie attestierten, sie sei doch «ungeheuer unbedeutend». An Hochachtung für das, was Wilhelmine bei der Kindererziehung – weitgehend auf sich allein gestellt – und als Anlaufstelle für ihren Mann leistete, hat Stein es jedoch nie fehlen lassen. In seiner Traueranzeige nach ihrem frühzeitigen Ableben hat er diesem Dank und diesem Respekt feinfühlig Ausdruck verliehen.

Die Franzosenzeit am Niederrhein brachte trotz des zunehmend negativer werdenden Bildes des revolutionierten Nachbarn durchaus Erkenntnisgewinn. Am wichtigsten war – neben der Bekanntschaft mit maßgeblichen Repräsentanten der entthronten Dynastie – vielleicht, dass Stein erkannte, dass der revolutionäre Ansatz der Volksbewaffnung nicht völlig absurd war, jedenfalls nicht in Krisensituationen, in denen es um die Existenz eines Gemeinwesens ging – es war kein Zufall, dass sich auch der Reichstag 1794 mit dem für ein Gebilde wie das Heilige Römische Reich geradezu umstürzenden Gedanken beschäftigte und den Ständen des Niederrheinisch-Westfälischen Reichskreises nahe legte, eine *levée en masse* zu initiieren. Stein hat das später immer wieder bestritten, aber es scheint keinem Zweifel zu unterliegen, dass seine und anderer Ansätze, nach der verhängnisvollen Niederlage der preußischen Armee bei Jena und Auerstedt 1806 neue Formen des militärischen Widerstands und der militärischen Organisation zu entwickeln, in jenen 1790er Jahren am Niederrhein ihre Wurzeln haben.

Gerhard Ritter ist in seiner monumentalen Stein-Biographie von 1931 noch einen entscheidenden Schritt weiter gegangen, indem er der Auseinandersetzung seines «Helden» – für ihn eher, alles in allem, ein Nicht-Held – mit den Auswirkungen der Französischen Revolution eins der umfangreichsten Kapitel des

Werks überhaupt widmete («Ausreifen einer politischen Weltsicht»). Stein habe, so Ritter, erst «in Momenten allgemeiner
Verwirrung und Ratlosigkeit, im drohenden Umsturz der bestehenden Ordnung seine eigentlichen Fähigkeiten» erkannt: «un-
erschüttert zu stehen wie ein Fels, eine Atmosphäre von unbe-
dingter Zuversicht, rege tätige Energie um sich zu verbreiten,
mit schnellem Blick das Notwendigste des Augenblicks zu erfassen, mutlose Schlaffheit durch zweckmäßiges Handeln zu ver-
scheuchen». Ein wenig von alldem mag zutreffen, und es soll
überhaupt nicht bestritten werden, dass Stein in seiner amtlichen
Funktion wichtige Arbeit vor Ort geleistet hat; aber die Bewertung darf nicht so weit gehen, als ob Stein damals zum großen
Verkünder preußischer Widerstandskraft und preußischen Wi-
derstandswillens geworden sei. Nein, Stein war ein guter Beamter, der zum Wohl der seiner Verantwortung unterstehenden Region die Auswirkungen des Kriegs möglichst minimieren wollte
– nicht mehr und nicht weniger. Trotzdem stand er dem Rückzug Preußens aus dem Krieg, also dem Basler Sonderfrieden
(1795), ausgesprochen kritisch und ablehnend gegenüber und
hat dem in Privatbriefen auch lebhaft Ausdruck gegeben. Für
ihn war das nicht nur ein unverzeihliches Im-Stich-Lassen der
Verbündeten, also ein machtpolitisches Kalkül, das seine Billi-
gung nicht finden konnte, sondern eine Aufgabe der politischen
Moral, weil das Revolutionsregime für all das nicht stand, was
die alteuropäische Ordnung auszeichnete: für Recht, für Ordnung, für das Prinzip des Guten. Der Kampf gegen die Revolution hatte in seinem Verständnis den Charakter eines Kampfs
um die Wiederherstellung von Ordnung und Recht. Den preußischen Verantwortlichen für die Entscheidung von 1795 – unter anderem Haugwitz – hat er das nie vergessen und verziehen.

Aber diese turbulenten Jahre in Westfalen und am Niederrhein waren auch für seine Hochschätzung des Ständewesens
von zentraler Bedeutung. Stände galten im damaligen Preußen
als Relikte einer vergangenen Zeit, als eine Organisation, die es
eher darauf anlegte, der Zentrale Probleme zu bereiten, denn als
wirkliche Mitregierungs-Organe, die die Krone auf der mittleren und unteren Verwaltungsebene vielleicht sogar entlasteten.

Und da Stein im Kurfürstentum Mainz, dem sein Vater gedient hatte, kein Ständewesen kennen gelernt hatte, ist diese Wendung zur Hochschätzung des Ständewesens eher überraschend. Aber die Erfahrung des kleve-märkischen Ständewesens, das die Krone noch nicht beseitigt oder wenigstens unterhöhlt hatte, hat bei Stein, dem Schüler der Göttinger Juristen und dem Leser der Werke Mösers, einen Bewusstseinswandel ausgelöst, wie er nachhaltiger nicht sein konnte: Die Stände – der Adel, die freien Bauern, die Repräsentanten der Städte – sind das Fundament einer neuen Freiheit, sind in die Selbstverwaltung des Landes einzubinden, garantieren Partizipation einer maßgeblichen, weil durch Besitz interessierten Schicht von Menschen am Staat, der der Staat aller zu werden hat, sind das Korrektiv gegenüber «absolutistischer» Fürstenbezogenheit schlechthin. So hat er energisch – und erfolgreich – gegen die Absichten der Berliner Regierung gekämpft, dass die Stände sich nur noch mit ihrer Erlaubnis versammeln und ausschließlich über vorgegebene Materien beraten dürften. Es versteht sich, dass mit einer solchen ständefreundlichen, dem *mainstream* entgegenlaufenden Grundhaltung in Berlin nicht unbedingt eine gute «Presse» zu gewinnen war – und hier liegt einer der Gründe, warum Stein bei manchen Ministerbestellungen in Berlin in den späten 1790er Jahren übergangen wurde, obwohl seine Leistungen in Westfalen, Modernisierungen in der Verwaltung eingeschlossen, durchaus respektabel waren.

Diese dem *common sense* in Berlin durchaus zuwiderlaufende ständefreundliche Haltung Steins schloss im Übrigen Überlegungen zur Adelsreform durchaus ein. Bloße Ahnenprobe oder der Erwerb eines landtagsfähigen Guts waren dem Reichsritter bei weitem zu wenig, um über das Korporationsrechtliche hinaus dem Adel einen sozialen Vorrang im Staat zu bewahren – und das sollte bis an sein Lebensende sein Credo bleiben. Für ihn war entscheidend, den Adel in den Staat hineinzuführen, ihn zum Träger des Gemeinwohls zu machen. Das ließ sich unter anderem bewerkstelligen, indem man ihn konsequent in die Bürokratie zu integrieren suchte, ihn konsequent an neuen Gesetzes- und Verwaltungsmaßnahmen teilhaben ließ, ihn konsequent ermunterte, ja drängte, sich dem königlichen Dienst, etwa in der Funktion des Landrats, zur Verfügung zu stellen. Stein schwebte ein wirklicher Funktionsadel vor, der zentrale staatliche Aufgaben zu übernehmen hatte. Seine Kritik an Standesgenossen, die sich dem zu entziehen suchten, war regelmäßig massiv. Eine deutliche Bereitschaft, auch über eine Adelsreform nachzudenken, schloss zudem auch die Frage der Steuerfreiheit und besonderer Regelungen für die nachgeborenen Söhne – wie in England – ein.

Vor allem seiner Affinität zum Ständewesen wegen setzte sich sein Aufstieg zunächst auf der regionalen, also westfälischen Ebene fort. Im Frühsommer 1796 wurde Stein zusätzlich die Präsidentschaft der Mindener Kriegs- und Domänenkammer – neben der kleve-märkischen – übertragen, was faktisch zu einer verwaltungsmäßigen Zusammenfassung der Region unter einem «Oberkammerpräsidenten» führte, der von nun an in Minden residierte, aber auf einen ständigen «Spagat» zwischen Minden und Hamm angewiesen war. Und dieser ständige Spagat war auch notwendig, weil in dem einen Sprengel Reformen überfällig waren und sich die Zusammenarbeit mit den Ständen längst nicht so harmonisch gestaltete wie in Kleve-Mark und weil in dem anderen Sprengel die Wiederherstellung der preußischen Zivilverwaltung anstelle der französischen Militärverwaltung auf die Agenda kam. Dann drängte sich das Problem der preußischen Entschädigungen auf dem rechten Rheinufer für die auf dem linken erlittenen Verluste in den Vordergrund, wobei vorrangig seit Beginn des Rastatter Kongresses an geistliche Fürstentümer, die zu säkularisieren wären, gedacht wurde – Stein hat sich bereits vor Eintritt des Eventualfalls in drei langen Schreiben an Heinitz zur Sache geäußert, die nicht nur in die Praxis einer eventuellen Arrondierung Preußens durch geistlichen Besitz hineinleuchten, sondern auch Steins Position klar erkennen lassen: Die Zukunft und Sicherheit Deutschlands kann nur durch die Stärkung der großen Staaten erreicht werden, um das zu gewährleisten, kann und muss man auch über den Bruch des Reichsrechts – denn das waren die Säkularisationen ja, also die Auflassungen geistlicher Reichsterritorien – hinwegsehen.

So im Grundsätzlichen bereits ausgewiesen, entstand in der Berliner Zentrale, die wenigstens den Tenor seiner Schreiben an Heinitz sicher kannte, wahrscheinlich gar keine Diskussion mehr, wer mit der Durchführung der Säkularisation des geistlichen Zugewinns in Westfalen und seiner Eingliederung in die preußischen Verwaltungsstrukturen zu betrauen wäre. Preußen eilte, wenn man so will, der Entwicklung ja voraus, weil es sich bereits vor dem Reichsdeputationshauptschluss in einem bilateralen Vertrag mit Frankreich nicht nur die westfälischen Entschädigungslande völkerrechtlich verbindlich hatte zusichern lassen, sondern zugleich auch deren umgehende Inbesitznahme. Schon im Hochsommer 1802 okkupierte Preußen unter allenfalls dezentem Protest des Domkapitels die östliche Hälfte des Oberstifts Münster, hinzu kamen dann das Hochstift Paderborn sowie die bisherigen Reichsabteien Essen, Werden, Elten, Herford und Cappenberg. Zur Überleitung der sämtlichen an Preußen fallenden ehemals geistlichen Staaten wurde mit Sitz in Hildesheim eine Hauptkommission gebildet, die Leitung der westfälischen Unterkommission wurde dem Freiherrn vom Stein übertragen.

An der mehrfachen Brisanz dessen, was da auf ihn zukam, konnte Stein keinen Zweifel haben, seine Bestallung eröffnete freilich auch Chancen. Zunächst würde sicher die Frage aufgeworfen werden, ob es klug war, einen Protestanten mit dieser Aufgabe zu betrauen, dessen Akzeptanz bei den Betroffenen natürlich begrenzt war. Auf der anderen Seite war Stein jemand, der durch seinen Vater, der einem geistlichen Staat gedient hatte, emotional diesem Element der Reichsverfassung vielleicht doch unvoreingenommener gegenüberstand als irgendein ostelbischer Junker. Für Stein sprach sicher, dass er sich in den zurückliegenden Jahren durch seine Verwaltungsreformen im Westfälischen Anerkennung verschafft hatte, die sogar so weit ging, dass ihn Schützenvereine zu ihrem Ehrenmitglied gemacht hatten – in Westfalen kam das einer veritablen Nobilitierung nahe! Ob es freilich ihm, dem nicht aus den preußischen Kernprovinzen stammenden Freiherrn, dem allem zum Trotz leichter gelingen würde, ein in der *Germania Sacra* nach wie vor verbreitetes antipreußisches Sentiment zu überwinden und aus katholischen Regionen, die sich mit dem Schlagwort von der Herrschaft des Krummstabs, unter dem gut zu leben sei, ihre eigene Ideologie geschaffen hatten, rasch loyale preußische Provinzen zu machen, war bei alledem nicht ausgemacht. Man mag die These von der «intendierten Rückständigkeit» der geistlichen Staaten für überzogen halten, aber dass mit Preußen ein neuer Wind Einzug halten würde, den sicher nichts mit «intendierter Rückständigkeit» in einen Zusammenhang brachte, war jedermann klar.

Die Brisanz dessen, was in Westfalen – und anderswo – anstand, kann Stein nicht verborgen geblieben sein. Mit dem Wegbrechen des Instituts des geistlichen Staates, dem in der Verfassung des Alten Reiches wesentliche Funktionen zugefallen waren, ob man an die Reichskreise, die Reichsjustiz oder das Erzkanzleramt denkt, stand der gesamte Reichsorganismus zur Disposition. Wir besitzen zwar keine authentischen Berichte darüber, dass Stein diese Entwicklung als unabwendbar einschätzte – auch die genannten Briefe an Heinitz führen in dieser Hinsicht nicht weiter –, aber für ihn musste es eigentlich auf der Hand liegen, dass dieser Schritt den Anfang vom Ende des Reiches bedeuten musste. Und einem so klar und nüchtern denkenden Mann wie Stein musste sich dann gleich die weitere Frage aufdrängen, wie es dann mit seiner eigenen Sozialgruppe, der Reichsritterschaft, weitergehen würde. Insofern muss ihn die Frage beschäftigt haben, ob er nicht die Hand zu etwas reichte, was seinem ganzen historisch-politischen Selbstverständnis widersprach. Er hat sich dem Berliner Auftrag nicht entzogen.

Natürlich hat es während Steins Tätigkeit als «Säkularisationsbeauftragter» Konflikte gegeben – Konflikte mit dem bisherigen Domkapitel, Konflikte um die Zuweisung von Kirchen an die Protestanten, Konflikte auch um die Weiterverwendung kirchlicher Gebrauchsgegenstände und Artefakte, Konflikte schließlich um die Einschränkung der kirchlichen Administration auf den rein geistlichen Bereich, in deren Verlauf sich sein anfangs sehr gutes Verhältnis zu dem alten Münsteraner Gene-

ralvikar Franz Friedrich Wilhelm von Fürstenberg deutlich ein-
trübte. Der Streit spitzte sich dann noch einmal zu, als Stein sich
weigerte, (vermeintlich) antikatholische Schriften – von Autoren wie Herder, Wieland oder Goethe! – aus den öffentlichen
Leseinstituten und Leihbibliotheken zu verbannen. Aber alles in
allem hat Stein diese sensible Aufgabe mit Geschick und Fingerspitzengefühl gelöst, was am Beispiel seiner sehr bedächtigen
Säkularisationspolitik, die alles andere als ein «Klostersturm»
war, näherhin exemplifiziert werden könnte – seine guten Beziehungen zu hochrangigen Repräsentanten der katholischen Kirche, die diese Jahre schadlos überdauerten, lassen daran ebenso
wenig einen Zweifel wie die Intensität, mit der er damals ein
freundschaftliches Verhältnis zu etlichen katholischen Adels-
familien der Region pflegte. Auch die allgemeinen Aufgaben,
die neue Untertanenschaft mit dem deutlichen Mehr an Steu-
ererwartungen des Staates oder auch mit dem für sie neuen Phänomen der Militärdienstpflicht vertraut zu machen, hat er wohl
mit der nötigen Behutsamkeit angegangen. Abschließen konnte
er diese Aufgabe freilich nicht, vieles – etwa die gründliche Reorganisation der Universität Münster, die er zu einem zweiten
Göttingen zu machen beabsichtigte – kam über das Planungsstadium nicht hinaus, weil dann doch der – von manchen als
längst überfällig erachtete – Ruf aus Berlin dazwischenkam, ein
dortiges Ministerium zu übernehmen. Strukturgeschichtlich
war es ja für manche Beamtenkarrieren ein nachhaltiger Vorteil,
die Chance zu erhalten, sich über erfolgreiche Säkularisationen,
also die Einbindung neuer Landesteile in einen Staat, für höhere
Aufgaben zu empfehlen – wenn man so will, hat auch Stein
diese Chance nicht ungenutzt gelassen.

Dass er in seiner nur zweijährigen Tätigkeit in Münster
den Integrationsprozess wenigstens entscheidend vorantreiben
konnte, hing nicht zuletzt mit seinem guten Auge für effizient
arbeitenden und hoffnungsvollen Nachwuchs zusammen. Stein
verfügte über eine bemerkenswerte Gabe, die Qualitäten von
Menschen rasch zu erfassen und dann auch zu nutzen. Er hat
mit großer Konsequenz auf der mittleren Verwaltungsebene
einer neuen Generation loyaler Funktionsträger zum Durch-

bruch verholfen, von denen exemplarisch hier der bisherige Potsdamer Kammerassessor Ludwig Vincke herausgegriffen werden mag, den er – nicht ohne leichten Druck auf die präsentationsberechtigten Instanzen – 1802 zunächst zum Landrat im Fürstentum Minden machte, ihn dann zu seinem eigenen Nachfolger in der Leitung der Mindener Kammer vorschlug und der zu seiner Freude ihm 1804 in der Präsidentschaft der Münsterschen Kammer folgte. Friedrich Alexander von Hövel wäre ein anderes Beispiel, den Stein zunächst zum Landrat des Kreises Wetter machte und dann in die Münstersche Zentralverwaltung hineinzog und mit der hochsensiblen Übernahme der preußischen Militärorganisation betraute. Stein mag in manchem ein Einzelgänger gewesen sein – in der Verwaltung hatte er einen ganz besonderen Sinn und ein entwickeltes Gespür für politische und administrative Talente.

In seiner Autobiographie hat Stein dem Münsterschen Doppeljahr selbst ein wenig Beifall gespendet, wenn er dort ausführte, dass die Säkularisation von Münster und Paderborn «mit Milde, Schonung und Treue» geschah: «die Geistlichen wurden mit großer Freigebigkeit behandelt, die alten einländischen Beamte, waren sie irgend tauglich, beibehalten und das Gehässige, Gewalttätige der Sache selbst möglichst gemildert». Die Menschen in der Region haben in ihrer überwiegenden Mehrheit das wohl ganz ähnlich beurteilt.

Stein, um eine kurze Zwischenbilanz zu ziehen, ist in den gut zwanzig Jahren in Westfalen zu einem Wahl-Westfalen geworden. Ungeachtet seiner nach wie vor engen Bindungen an seine Herkunftsregion, den Mittelrhein, ungeachtet auch der Tatsache, dass er sich in der Provinz Posen ansässig zu machen suchte und die kleine Herrschaft Birnbaum erwarb, ungeachtet alles dessen war Stein mit den Menschen in Westfalen, ihrer Geradheit, ihrer Ehrlichkeit, ihrem Selbstbewusstsein, in einer Art eins geworden, die erstaunen muss, wenn man die zögernde Art des Westfalen kennt, sich Fremden zu öffnen. Dass ihm Ehrenpräsidentschaften von Schützenvereinen verliehen wurden, dass ihm zum Abschied aus Münster seine Beamten damit ehrten, dass sie das Sessionszimmer in «Anerkenntnis seines seltenen Verdiensts» mit einem Bildnis Steins ausstatteten, sind untrügliche Zeichen, dass Mensch, Landschaft und Geschichtsregion eine innige Verbindung eingegangen waren. Einem zukünftigen Ministerkollegen schrieb er nach seiner Berufung nach Berlin frank und frei, wie ungern er Westfalen verlasse, wo er nun zwanzig Jahre tätig gewesen sei und wo er noch so manches in die Spur zu setzen gehofft hätte. Das war keine Koketterie, es war die Bilanz einer langen landsmannschaftlichen Erfahrung, die ihn verändert und geprägt hatte. Insofern wurde es sicher bereits in den 1790er Jahren und den ersten Jahren des neuen Jahrhunderts angelegt, dass Stein eines fernen Tages seinen Alterssitz nirgendwo anders als in Westfalen wählen würde.

Als Stein sich allen Bedenken ob der dort seiner harrenden Fußangeln und eigener Selbstzweifel zum Trotz entschloss, nach Berlin zu gehen, war er ein «gestandener» Mann: ein Endvierziger mit einer reichen Verwaltungserfahrung, ein Mann, der mit seiner eher gedrungenen Gestalt die Menschen vor allem durch seine Physiognomie, sein leuchtendes Gesicht, seine braunen «feurigen» Augen, seinen scharfen Blick und seine gewaltige Stirn über seiner stark ausgebildeten Nase beeindruckte. Stein war nicht im eigentlichen Sinn ein «schöner», aber ein interessanter Mann, der, nicht zuletzt seiner Selbstsicherheit wegen, auch und gerade Frauen durchaus zu beeindrucken wusste – und schwärmerisch veranlagte, meist zudem jüngere Frauen gab es im Berlin der Jahre um 1800 und später in St. Petersburg in Hülle und Fülle. Aber es kam etwas hinzu, was Stein einmalig machte: sein hoher Bildungsgrad und seine Belesenheit – seine Bibliothek sprengte für einen Privatmann fast alle Grenzen –, die Art, wie er – obwohl oft schnell sprechend – zu formulieren wusste: druckreif, seine Prinzipien und ethischen Maßstäbe durchscheinen lassend, bedeutungsvoll, nie belanglos und in *small talk* abgleitend. Das sollte dann auch seine Denkschriften auszeichnen.

Berlin war ihm im Übrigen kein völlig unvertrautes Terrain mehr – oft hatte ihn der Weg in den zurückliegenden Jahren in die Hauptstadt geführt, und diese Besuche hatte er konsequent auch genutzt, um seine Bekanntschaften und Freundschaften zu pflegen. Aber zwischen dem überschaubaren Kreis der Mitglieder des Bergwerksdepartements und des Westfälischen Provinzialdepartements, mit denen er es bisher zu tun gehabt hatte und von denen er verstärkt auch um Gutachten zu allgemeinen wirtschaftspolitischen Fragen angegangen worden war, und der obersten Etage der Regierung, die ihn jetzt erwartete, bestand dann doch ein Unterschied – die Fußangeln, die seiner warteten, die Animositäten, die er zu überwinden haben würde, die Konstellationen und Netzwerke, die einander zuarbeiteten, hat er sicher vor seiner Übernahme des Ministeriums noch nicht zur Gänze überblickt. Und er war auch nicht der Mann, die Minen, die in Berlin vergraben waren, mit diplomatischer Geschmeidigkeit zu umgehen; ob es in dem imposanten Donnerschen Haus, das er dann als Minister bezog – mit einer strengen Fassade, die geradezu an Steins Charakter gemahnt –, größere Gesellschaften in erheblicher Zahl gab, ist eher fraglich, und es war auch nicht seine Art, in den Salons, von denen er den der Karoline von Berg wohl gelegentlich besucht haben wird, Politik hinter den Kulissen zu machen.

3. **Das erste Ministeriat:**
Missverständnisse, Enttäuschungen, Konsequenzen

König Friedrich Wilhelm III., schon mehrmals – etwa von Heinitz – darauf hingewiesen, dass der Freiherr vom Stein sich für ein Ministeramt eigne, hat erkennbar gezögert, ihn als Nachfolger des verstorbenen Karl August von Struensee zum neuen Minister für das Akzise-, Zoll-, Kommerz- und Fabrikwesen im Generaldepartement – jener nach wie vor bestehenden, sich auf die Regierungszeit des «Soldatenkönigs» Friedrich Wilhelm I. zurückführenden unförmigen Behörde – zu bestellen. Steins Affinität zum Ständewesen war notorisch und passte eigentlich nicht in die politische Landschaft Berlins, umso mehr als er gerade eben noch einmal kräftig nachgelegt und sich für die Er-

richtung einer gesamtständischen Repräsentation für die westfälischen Entschädigungslande stark gemacht hatte. Es war
möglicherweise in politischen Kreisen Berlins auch nicht völlig
unbekannt, dass er die politischen Anfänge Friedrich Wilhelms III. seit seiner Thronübernahme als rundum enttäuschend
einschätzte und es bedauerte, dass von diesem schüchternen, unsicheren Monarchen keineswegs jene seit langem von der Beam-
tenschaft vorbereiteten Reformimpulse ausgingen, die man bei
seinem Regierungsantritt erhofft hatte, kurzum, dass Stein nicht
zur *claque* des Monarchen gezählt werden durfte. Am Ende
wurde er, wohl weil eine erneute Nichtberücksichtigung nur als
ein direkter Affront gewertet werden konnte, dann aber doch
ernannt und damit verantwortlicher Teil jenes Generaldeparte-
ments, dessen Politik er von außen in der Vergangenheit oft genug kritisiert hatte.

Freilich, mit der Verantwortlichkeit war es dann doch eine
eigene Sache, weil das System in Berlin ganz, wie im Prinzip
schon unter Friedrich Wilhelm II., auf die beiden maßgeblichen
Kabinettsräte Lombard und Beyme zugeschnitten worden war
und die Minister noch nicht einmal ohne Konsens dieser beiden «grauen Eminenzen» das direkte Vortragsrecht beim Monarchen besaßen. Zwar nicht von der ersten Stunde an, aber
deutlich zunehmend wurde das zum eigentlichen Stolperstein
von Steins erstem Ministeriat. Im Unterschied zu Ministerkollegen war Stein nämlich nicht gewillt, seinen Sachverstand nur
für die Kabinettsräte zu Papier zu bringen und nicht zu wissen,
was mit seinen Vorlagen dann geschah – nein, Stein sah die
Situation vielmehr als dringend revisionsbedürftig an. Aber das
Ministeriat war auch sonst überschattet von unliebsamen Entwicklungen, die Stein so bei aller Kritik schon im Vorfeld dann
doch nicht erwartet hatte: von der Indolenz und Untätigkeit
eines labilen, relativ prinzipienlosen Monarchen, von einer
außen- und mächtepolitischen Entwicklung, die Preußen immer
mehr in die Defensive drängte und vor die Alternative stellte,
sich bedingungslos Napoleon zu unterwerfen und zu seinem
bloßen Satelliten zu werden, oder aber zu versuchen, gegen den
Kaiser der Franzosen, die Überfigur der Epoche, einen übergrei-

fenden Widerstand zu organisieren. Auch unter den Minister-
kollegen Steins gab es in dieser Hinsicht längst keine einhellige
Haltung. Den «Falken» stand eine wenigstens gleich starke
Gruppe von «Napoleonikern» gegenüber.

Stein hatte von Amts wegen keine Kompetenz für die Außen-
politik, aber vor allem im deutschen Epochenjahr 1806 konnte
kein preußischer Minister den Kopf in den Sand stecken und
nur noch die Belange seines Ressorts im Auge haben. Wie sich
über die Außen- und Militärpolitik dann das Schicksal seines
ersten Ministeriats entschied, wird später zu zeigen sein, aber
natürlich hatte das erste Augenmerk des – modern gesprochen
– Wirtschafts- und Strukturministers den staatswirtschaftlichen
Belangen zu gelten: der Optimierung der Staatseinkünfte, der
Effektivität der vielen wirtschaftspolitischen Einrichtungen, der
Zusammenlegung von Behörden, dem Ankurbeln der Wirtschaft durch Kreditmaßnahmen usw. Das war alles sehr honorig, aber *rebus sic stantibus* dann doch nur ein Anfang, umso
mehr als es immer auch die Rivalitäten der Ministerkollegen im
Generaldepartement zu bedenken galt, die nicht für jeden guten
Steinschen Gedanken zu begeistern waren. Die eher unförmige,
in den Einzelressorts sich vielfach überlappende, teils nach be-
stimmten Fachgebieten, teils nach Territorien gegliederte große
Behörde völlig zur Disposition zu stellen, ist Stein in seiner Berliner Zeit nicht in den Sinn gekommen – noch die großen Re-
formdenkschriften des Jahres 1808 sollten nie so weit gehen,
ein reines Ressortsystem ohne den Überbau des Generaldirektoriums zu fordern. Bleibendes geschaffen und hinterlassen hat
Stein in diesen gut zwei Jahren seines ersten Ministeriats in Gestalt des sog. Statistischen Bureaus, das Daten zur Wirtschafts-
kraft des Staates, aber auch zur demographischen Entwicklung
und zu den finanziellen Perspektiven der verschiedenen Verwal-
tungszweige sammeln – und dann auch durch Druck zugänglich
machen – sollte. Andere Staaten von der Größenordnung Preußens verfügten bereits seit längerem über solche Behörden,
Preußen vollzog damit letztlich nur einen Schritt, den andere
schon gegangen waren und der insgesamt für mehr Durchsich-
tigkeit und Berechenbarkeit sorgte.

Barthold Georg Niebuhr, der Diplomat und Historiker, hat –
zugegebenermaßen in einem Privatbrief nach Steins erster Entlassung – den Protagonisten einmal als einen «idealen Minister»
apostrophiert, und er meinte damit wohl Verschiedenes: eine
vorbildliche Einsatzbereitschaft, ein exzellentes Fachwissen, die
Fähigkeit, zuhören und dazulernen zu können, Durchsetzungsfähigkeit gegenüber den Ministerkollegen, aber auch die Gabe,
einen Kreis von Mitarbeitern um sich zu scharen, die in unbe-
dingter Loyalität und Solidarität die Maßnahmen vorbereiteten
und dann auch umsetzten. Von diesem Gespür Steins für effi-
ziente und verlässliche Mitarbeiter war schon die Rede, und es
bewährte sich auch in Berlin wieder. Es war jedem seiner Beamten aber auch klar, dass der Dienstvorgesetzte ein Beispiel für
Einsatzbereitschaft und Fachwissen gab, dem sie, wollten sie
nicht seine harsche Kritik provozieren, schlicht folgen mussten.
Stein verlangte von seinen Mitarbeitern viel, sehr viel, und vor
allem in seinem zweiten Ministeriat werden sich nur die wenig-
sten an die normalen Dienststunden haben halten können. Mit
der von Niebuhr angesprochenen Durchsetzungsfähigkeit gegenüber den Ministerkollegen war es freilich dann eine andere
Sache – denn Krisensituationen erfordern mehr als rationale
Diskussionen über den Nutzen und das Beste des Staates. Seit
der Übernahme des Ministeriums durch Stein ging es dem Staat,
situationsbedingt, nur noch um eins: Geld. Ob sich das durch
Strukturreformen wie etwa die Ausdehnung der Akzise, die
Ankurbelung des Exporthandels oder schlicht durch die Er-
schließung neuer Finanzquellen erreichen ließ, war den meisten
Menschen in der weiteren Entourage des Königs ziemlich gleich-
gültig.

Die Dinge in Preußen spitzten sich in den Wochen nach der
Auflösung des Alten Reiches zu – viel mehr als dieses Ereignis
beschäftigte Stein die Mediatisierung seiner eigenen Güter durch
den seit jeher ungeliebten und seitdem geradezu verhassten Grafen von Nassau –, als eine Ministerriege mit Stein und etlichen
Militärs an der Spitze den Monarchen zum entschiedenen Widerstand gegen Napoleon zu bewegen suchte. Die in Basel 1795
vereinbarte norddeutsche Neutralität war ja durch die franzö-

sische Okkupation des Kurfürstentums Hannover 1803 schon elementar unterhöhlt worden, seit dem Frühherbst 1805 rechnete man in Preußen vor dem Hintergrund der sog. 3. Koalition und offener Verletzungen der preußischen Souveränität im Fränkischen durch französische Truppen fest mit einem bevorstehenden Krieg, was nun auch den Finanzminister in die Verantwortung nehmen musste, weil die Finanzierung dieses Waffengangs nur mit außergewöhnlichen Mitteln realisierbar erschien. Dazu zählten die Aufnahme von Anleihen im In- und Ausland sowie Steuererhöhungen vorzunehmen und eine Geldpolitik zu starten, die die Löcher stopfte. Gerade Steins Vorschlag, sog. «Tresorscheine» in einer Größenordnung von 10 Mio. Talern auszugeben, hat in der Öffentlichkeit und in Finanzkreisen – und im Übrigen auch unter seinen Ministerkollegen – lebhafte Diskussionen hervorgerufen. Um dies den preußischen Untertanen zu vermitteln, ist Stein in den Monarchen gedrungen, seinem Volk mit allen Mitteln verständlich zu machen, dass es jetzt um die Ehre der Monarchie und die Unabhängigkeit des Staates gehe. Die Ereignisse überholten diese mentale Aufrüstung freilich dann wieder, als nach dem Sieg Napoleons über die Österreicher bei Austerlitz im frühen Dezember 1805 der ehemalige Außenminister Haugwitz entgegen seinen ausdrücklichen Instruktionen ein Schutz- und Trutzbündnis mit dem Kaiser der Franzosen abschloss, das Preußen als Zugewinn in einem zukünftigen Frieden ausgerechnet Kurhannover in Aussicht stellte, also Großbritanniens kontinentalen Außenposten.

Dies war endgültig der Wendepunkt. Stein war empört über Haugwitz' Verhalten, musste aber zur Kenntnis nehmen, dass die Kabinettsräte nicht nur mit lockerer Hand darüber hinweggingen, sondern Haugwitz gar noch exkulpierten. Der Minister ging zwar scheinbar zur Routine über, stoppte das Projekt der Emission des Papiergeldes, riet aus finanziellen Gründen zur Demobilisierung, aber es war klar, dass Preußen in eine aussichtslose Situation manövriert worden war: London sah das preußische Bündnis mit Napoleon als eine verkappte Kriegserklärung an, rief seinen Botschafter zurück, legte ein Embargo

auf preußische Schiffe und schadete damit der preußischen
Wirtschaft nachhaltig. Für Stein steigerte sich die Erbitterung
bis zu einer berühmten Denkschrift im April 1806, in der er
nun unverhohlen zu einer völligen Reorganisation der Zentralverwaltung aufrief und um Entlassung der beiden Kabinettsräte Beyme und Lombard ersuchte. Die Strukturen, das hatte
ihm Haugwitz' noch nicht einmal sanktioniertes Verhalten endgültig vor Augen geführt, stimmten in der Zentralverwaltung
nicht, und bereits damals scheint Stein für den Fall, dass sich
nichts ändere, seine Demission ernsthaft ins Auge gefasst zu haben – und war eine Änderung bei einem derart schwachen und
entschlusslosen Monarchen wirklich zu erwarten? Die April-
Denkschrift, bisher ihres überaus aggressiven Tons wegen auf
Anraten von Königin Luise noch nicht überreicht, wurde im
Spätsommer überarbeitet und von einer ganzen Gruppe von op-
positionellen, d. h. um die Zukunft der Dynastie ernsthaft besorgten, Funktionsträgern, darunter auch Mitgliedern des Hauses Hohenzollern, mit unterzeichnet, rief beim Monarchen aber
nur Empörung hervor, die bis zur Strafversetzung von Mitgliedern der Dynastie reichte, jedenfalls keine Einsicht. Stattdessen
stellte der Monarch dem Kaiser der Franzosen ein völlig sinn-
loses Ultimatum, was nur eins bedeuten konnte: Krieg, auf den
Preußen militärisch, politisch und auch finanziell in keiner
Weise vorbereitet war – und wenigstens finanziell von Stein in
kurzer Frist auch nicht vorbereitet werden konnte.

Die vernichtende Niederlage von Jena und Auerstedt (14. Oktober 1806), die für Generationen zu einem preußischen Trauma
werden sollte, legte nicht nur die strukturellen Probleme des
alten friderizianischen Preußen offen, sondern hatte auch gra-
vierende Konsequenzen für die Zentralregierung. Die Regierung
zog sich vor den in Berlin einrückenden Franzosen gezwunge-
nermaßen nach Stettin und dann nach Danzig, schließlich nach
Königsberg zurück. Stein bemühte sich, die Reste des Staats-
schatzes in Sicherheit zu bringen, aber es war klar, dass es so
wie bisher nicht weitergehen konnte. Das eine war, dass nun all
jene Veränderungen angepackt werden mussten, die in den vergangenen Monaten oft genug angemahnt worden waren. Das

andere, damit zusammenhängend, war, dass die Reformer die Chance erkannten, dass von Jena/Auerstedt aus ein Ruck durch das Land gehen müsse, um Preußen grundsätzlich mit einem neuen Ethos zu erfüllen, das sich an den alten preußischen Tugenden – Aufopferung, Mitwirkung, Solidarität – orientierte, auch wenn dem Monarchen jede Gabe fehlte, ein solches Ethos selbst zu generieren. Von Jena/Auerstedt aus – so Stein und andere Reformer – müsse der Gedanke der kollektiven Notwehr, für den man dann schnell den Begriff des «Befreiungskriegs» erfand, im Bewusstsein der Menschen Eingang finden, von hier aus müsse eine neue Entschlossenheit datieren, ein neuer Mythos.

Für all das aber blieb zunächst keine Zeit – schon allein mit dem Gedanken der unglaublich hohen französischen Kriegsentschädigungsforderung musste man erst einmal ins Klare kommen! Im November bot der Monarch im Verlauf einer Krisenkonferenz im ostpreußischen Osterode dem schwer an der Podagra erkrankten Stein das Außenministerium an, das dieser – wohl auch eingedenk seiner früheren Erfahrungen auf diplomatischem Parkett – ablehnte; manche Biographen haben das mit einem deutlichen Unterton der Missbilligung wahrgenommen: ihm habe der «naturhafte Herrschaftstrieb» (Ritter) gefehlt. Die Verstimmung aufseiten des Königs war spürbar, und er machte Ende November 1806 sogar noch einen zweiten Versuch, Stein wenigstens «ad interim» mit der Leitung des Außenamts zu betrauen. Stein verweigerte sich erneut, nutzte diese Gelegenheit jedoch abermals zu einer Fundamentalkritik an den Strukturmängeln der preußischen Regierung, und das konnte nach den Gepflogenheiten der Zeit nur eins bedeuten: Entlassung. Ein formaler Grund war rasch gefunden, was indes erstaunt, ist die Harschheit, die Maßlosigkeit in Sprache und Form, mit der der Monarch Stein – ungnädig und unehrenhaft, müsste man formulieren – aus seinem Dienst entließ. Die Vokabeln, die der Monarch wählte, Stein sei ein «widerspenstiger, trotziger, hartnäckiger und ungehorsamer Staatsdiener», der, «weit entfernt, das Beste des Staats vor Augen zu haben, nur durch Capricen geleitet, aus Leidenschaft und aus persönlichem

Hass und Erbitterung handelt», werden in jeder Stein-Biographie zitiert und sollen deswegen auch hier nicht fehlen.

Der in Ungnaden entlassene Minister hat in den dem Eklat unmittelbar folgenden Januartagen 1807 von den ihn disqualifizierenden Worten des Monarchen in ironisierender Form, ja mit sarkastischem Unterton mehrfach Gebrauch gemacht und ging sogar eine Zeitlang mit dem Gedanken um, die Akten seiner Entlassung im Druck publik zu machen. Er hat von dieser Absicht dann aber doch – mit guten Gründen – wieder Abstand genommen, denn ein daraus resultierender weiterer Gesichtsverlust der Krone hätte in der gegebenen Situation verheerende Auswirkungen auf die öffentliche Meinung haben können. Kaum getröstet haben werden ihn die vielen Bekundungen von Freunden, welchen Verlust sein Ausscheiden bedeute, und von Mitarbeitern, welches Privileg es gewesen sei, unter ihm dienen zu dürfen.

Stein zog sich, nach wie vor schwer erkrankt, nach einer Weile des Zuwartens, ob der König seine Meinung doch vielleicht wieder ändern würde, und nach Prüfung eines Angebots, in russische Dienste zu treten, auf seine heimischen Güter nach Nassau zurück – um Abstand zu gewinnen, um sich körperlich zu erholen und seine Gesundheit wiederherzustellen, um sich Rechenschaft über sein zweijähriges Ministeriat abzulegen, das längst nicht zu den Reformen geführt hatte, die Stein sich vorgestellt hatte, sicher aber auch, um sich in grundsätzlicher Weise noch einmal Gedanken zu machen, was da in Preußen in den letzten Monaten abgelaufen war. Eine Frucht dieses Nachdenkens war jene legendäre Nassauer Denkschrift, die Stein auf Bitten des mit der Dynastie eng verbundenen Fürsten Anton Radziwill verfasste, der um einige Ratschläge gebeten hatte, wie man die polnischen Teile der Monarchie näher an den Staat heranführen, ihre Stellung im Gesamtstaat verbessern könne.

Die Denkschrift ist ein untrügliches Zeichen dafür, dass Stein sich wenigstens mittelfristig eine weitere Tätigkeit in und für Preußen durchaus vorstellen konnte. Er sah mit der (nicht unprovozierten) Entlassung seine Mission noch nicht als beendet an, dabei mitzuwirken, für diesen Staat, dessen Potenz und innere Kraft er für Deutschlands Zukunft als unverzichtbar ansah, eine wirkliche Staatsreform zu initiieren und in ihm den lange überfälligen Modernisierungsprozess einleiten zu helfen. Schon auf der beschwerlichen Rückreise von Danzig nach Nassau hatte er diese Bereitschaft, irgendwann wieder in preußische Dienste einzutreten, wiederholt angedeutet, und es passte ins Bild, dass er in Nassau in den Früh- und Hochsommerwochen 1807 etliche preußische Funktionsträger und politische Weggefährten zu Gesprächen empfing. So sehr die Nassauer Denkschrift also das Werk eines Privatmanns war: ganz ohne aktuellen Bezug ist sie mit Gewissheit nicht niedergeschrieben worden.

Die Nassauer Denkschrift war ein zentraler Teil von Steins Bilanz, und selbstredend konnte sie auf frühere Denkschriften Steins rekurrieren, insbesondere jene vom April 1806, in der er die strukturellen Unzulänglichkeiten der preußischen Monarchie ungeschminkt angesprochen hatte; die neue Denkschrift nahm auf die mit so viel Leidenschaft niedergeschriebene des Vorjahrs auch ausdrücklich Bezug. Strukturelle Defizite: Das beinhaltete vor allem die Beendigung des – in Steins Augen – desaströsen Regiments der Kabinettsräte und die volle Verantwortlichkeit der Minister für ihre Ressorts, das Prinzip des unmittelbaren Vortragsrechts beim König eingeschlossen. Hier ging es aber auch um durchaus «technische» Fragen wie den Zuschnitt der Ministerien, die Struktur des Staatsrats oder die (nur noch sachliche, nicht mehr regionale) Gliederung des Generaldirektoriums. Aber die Nassauer Denkschrift ging über diese Vorbedingungen einer Staatsreform dann rasch hinaus. Wenn man ihre Grundtendenz auf den Punkt bringen will, war es ein Appell an die Pflanzung, Kultivierung und Steigerung von Bürgersinn und Gemeingeist. Der Bürger – um auf ein bekanntes Kennedysches Diktum zurückzugreifen – habe nicht zu fragen, was der Staat für ihn tun könne, sondern er habe sich zu fragen, was er für den Staat tun könne. Nur dadurch, mit der Mitwirkung aller, die dazu in der Lage sind, wird es dem Staat gelingen, den Befreiungskampf gegen die äußere Bedrohung erfolgreich zu gestalten und sich in einer neuen Zeit zu konsolidieren.

Von dieser Metaebene aus fasste Stein vor allem zwei Bereiche ins Auge: zum einen, kaum überraschend, die zentrale Behördenorganisation, also die Verteilung und den Zuschnitt der Ministerien und eines zukünftigen Staatsrats, zum anderen die ständische Organisation der Provinzialverwaltung. Hier formulierte er sein großes Credo, das die Jahre bis zu seinem Tod beherrschen sollte: die nachgeordneten Verwaltungsebenen, in die sich viel zu viel «Mietlings-Geist» und «Dienst-Mechanismus» eingeschlichen haben, sind so umzuformen, dass sie Gemeingeist und Bürgersinn befördern. Stein war fasziniert von dem Gedanken, über die Wiederbelebung der Gefühle für Vaterland, Selbständigkeit und Nationalehre eine neue Aufbruchstimmung erzeugen zu können, die die Feigheit, die hohe Offiziere 1806 gezeigt hatten, die die jämmerliche Unselbständigkeit vieler Zivilbehörden vergessen machen würde. Diese neue Staatsaufgeschlossenheit der Bürger reduzierte Stein zwar auf diejenigen, die dem Staat durch Besitz an Grund und Boden besonders verbunden sind, es ging ihm zudem immer nur um die «zweckmäßig gebildeten Stände», die an den Staat heranzuführen wären, aber dadurch verliert der Gedanke der prinzipiellen Bürgerbeteiligung natürlich überhaupt nichts von seiner Faszination. Stein versuchte eine solche Haltung der Menschen aus der Geschichte heraus zu begründen, aber das – etwa die Behauptung einer altdeutschen Städtefreiheit – war dann doch mit einem gerüttelten Maß an romantischer Sehnsucht nach dem vermeintlich goldenen Mittelalter gemischt, das Stein vor allem auf die Zeit vom 10. bis 13. Jahrhundert eingrenzte.

Verantwortung des Einzelnen für den Staat konnte sich exemplarisch beweisen bei der freien Ratswahl, und deswegen führt mehr als eine Brücke von der Nassauer Denkschrift des Sommers 1807 hin zu den Reformgesetzen, die seit dem Oktober in Angriff genommen werden sollten, insbesondere zur Städteordnung – die Kommunalreform auf dem platten Land behandelte Stein bemerkenswerterweise eher beiläufig. Es ging Stein nicht um einen plumpen Antibürokratismus, sondern um ein neues Staatsethos: Die Abschaffung der besoldeten Magistrate und ihre Ersetzung durch ehrenamtlich tätige Funktionsträger, die von den mit Häusern und Eigentum begabten Bürgern gewählt würden, die ein elementares Interesse am Wohl ihres Gemeinwesens hätten, die dafür auch Zeit und Geld opfern würden. Dezentralismus statt Zentralismus, Subsidiarität statt Oktroi – das waren die Steinschen Grundgedanken. Und auch wenn der Denkschrift eigentlich der mitreißende stilistische Schwung fehlt, vielleicht auch ein wenig Pathos: das Moment der Bindung der Einwohner – übrigens auch des Adels! – an den Staat, das Prinzip der Selbstverwaltung durch die, die am meisten davon betroffen sind, hat der Nassauer Denkschrift im kollektiven Gedächtnis der Deutschen einen unverrückbaren und fast kanonischen Rang gesichert. Sätze wie jener, es gelte, «die Regierung durch die Kenntnisse und das Ansehen aller gebildeten Klassen zu verstärken, sie alle durch Überzeugung, Teilnahme und Mitwirkung bei den Nationalangelegenheiten an den Staat zu knüpfen, den Kräften der Nation eine freie Tätigkeit und eine Richtung auf das Gemeinnützige zu geben», zählen bei aller Sprödigkeit der Sprache zu wesentlichen Momenten der politischen Kultur der Deutschen.

Die Nassauer Denkschrift hat in jeder Stein-Biographie deswegen einen so prominenten Platz und eine so zentrale Funktion, weil sie – ganz im Unterschied zu den späteren Reformgesetzen – sich ganz und ausschließlich dem Protagonisten verdankt; bei den großen Dokumenten aus den legendären 14 Monaten 1807/08 ist der unmittelbare Anteil Steins an ihnen oft nur sehr schwer zu bestimmen. Und sie ist deshalb vielleicht auch sein persönlichstes Dokument, hinter dem keinerlei dienstliche Rücksichtnahme stand und das in eine Vision – die der Selbstverwaltung als leitendem Staatsprinzip, die des bürgerlichen Engagements – einmündete, die bis zur Gegenwart nichts von ihrer Relevanz verloren hat. Das Schlagwort war Stein und seiner Zeit noch unbekannt, aber das lief alles auf jenes Prinzip zu, das in den heutigen Gesellschaftsmodellen eine zentrale Rolle spielt: das Prinzip der Subsidiarität. Und es kam hinzu, dass seine Vorstellungen geeignet waren, einem anderen Phänomen unserer Gegenwart entgegenzuarbeiten: der Politikverdrossenheit. Wie man starre Bürokratie mit lebendigem Engagement für das Gemeinwesen, wie man Technokratismus gleichermaßen mit Nestwärme und Effizienz versöhnen kann, ist seit Steins Tagen bis heute auf der politischen Agenda geblieben.

4. Das Reformministeriat

Es sollte weniger Zeit vergehen, als sich Stein beim Abfassen der Denkschrift vorgestellt haben mochte, bis er eine neue Chance erhalten würde, seine Ideen in die politische Praxis umzusetzen. Dabei darf man zwar die unmittelbare Bedeutung der Nassauer Denkschrift nicht überschätzen, die zunächst nur unter Steins allerengsten Freunden in Abschrift kursierte – und auch keineswegs als Matrix der anstehenden Reformen verstanden werden kann –, aber hier waren doch Grundideen und eine politische Philosophie formuliert worden, die in die Zukunft wiesen und an die die Beamten in den Berliner Ministerien dann einige Monate später ohne Mühe anknüpfen konnten.

Denn kaum war die Denkschrift in ihre endgültige Form gebracht worden, als vor dem Hintergrund der politisch-militärischen Entwicklung die Rufe sich verstärkten, dass nur *ein* Mann in der Lage sei, Preußen aus seiner verzweifelten Lage herauszuführen: Im Mai/Juni 1807 fielen mit Danzig, Neisse und Königsberg wichtige, teils auch symbolträchtige Städte in französische Hand. Die Stimmung in der Entourage des Monarchen fiel auf den Nullpunkt, und in dieser Situation gab Friedrich Wilhelm wohl grünes Licht, dass eine Reihe von Funktionsträgern, darunter Hardenberg, und Verwandte – die Fürstin Luise Radziwill – an Stein herantraten und seine Rückkehr in des Königs Dienst sei es ventilierten, sei es offen und geschickt einforderten. Stein bewies Größe, indem er sich über die tiefe Kränkung, die ihm die Form seiner Entlassung im Januar bereitet hatte, hinwegsetzte und Anfang August Friedrich Wilhelm wissen ließ, dass er dem Befehl seines Fürsten «unbedingt» nachkomme und ihm auch ohne jede Vorbedingung die Bestimmung des Geschäftsbereichs überlasse, in dem er zukünftig wirken solle.

Diese Entscheidung hatte sich abgezeichnet, denn die vielen Gespräche, die Stein über die Entwicklung in Preußen führte, die vielen Briefe, die mit wichtigen Berliner Funktionsträgern und Militärs gewechselt wurden, hatten nur Sinn gemacht vor dem Hintergrund einer prinzipiellen Bereitschaft des entlassenen Ministers, sich angesichts der tiefen Staatskrise einem neuerlichen Ruf nicht zu verweigern. Und diese Bereitschaft hatte zugenommen mit jedem Zeichen dafür, dass man seine Kompetenz, seinen Rat, seine Impulse, seine Führungsbereitschaft in der Umgebung des Monarchen tatsächlich vermisste. Stein hat in jenen Wochen in Privatbriefen seinem Unmut über das, was da im Januar geschehen war, nach wie vor Ausdruck verliehen, aber dieses Gefühl trat zurück, je mehr er den Eindruck gewann, dass man in Königsberg bedingungslos auf ihn als den neuen Hoffnungsträger setzte. Alle alternativen Denkmodelle, etwa das, dem russischen Werben nachzugeben und eine Funktion im Zarenreich zu übernehmen, traten diesem Gefühl gegenüber dann rasch zurück. Denn dass hier viel Gefühl mit im Spiel war, spiegeln Steins Briefe aus jenen Wochen anschaulich wider.

«Unbedingt», wie er das formuliert hatte, war Steins Zusage, in die Regierung zurückzukehren, freilich dann doch nicht ganz, denn dass er auf der Entfernung des Kabinettsrats Beyme bestehen werde, der für ihn im Lauf des Jahres 1806 immer mehr zum roten Tuch schlechthin geworden war, galt als ausgemacht. Stein hat dieses Thema in seiner ersten Audienz beim König, der sich mit dem Hof mittlerweile nach Memel hatte zurückziehen müssen, nach seiner langwierigen und strapaziösen Anreise auf dringendes Anraten der Königin zwar nicht direkt angesprochen, aber es bestand wohl ein stillschweigender Konsens, dass Beyme, den Stein zeitweise geradezu dämonisierte, über kurz oder lang anderweitig eingesetzt werden würde. Er sollte später nach Steins neuerlichem Ausscheiden das Justizministerium übernehmen, das er dann bemerkenswert honorig verwaltete.

Stein hatte sich in seiner Nassauer «Auszeit» sicher nicht nur mit der Situation vor und nach dem Tilsiter Frieden beschäftigt, sondern generell auch mit dem Paradigma der Staatsreform, also der gesellschaftlichen Anpassung von Gemeinwesen an eine neue Zeit. Auch wenn er das immer abgestritten hätte: das, was sich in Frankreich in den zurückliegenden Jahren und – viel näher liegend – dann auch in den Rheinbundstaaten an gesellschaftlichen Veränderungen getan hatte, war ihm natürlich präsent. Er wusste wie kaum ein Zweiter, wie erheblich der Modernisierungs-Nachholbedarf in Preußen war.

Es wird Stein, auch wenn er sich nicht so präzise dazu geäußert hat, zudem auch klar gewesen sein, dass die Gelegenheit, umfassende Reformen anzupacken, so günstig war wie nie zuvor. Ob in Frankreich oder in den Rheinbundstaaten: die Reformen hatten in aller Regel unter dem Diktat der Bewältigung von Kriegsfolgen gestanden: Kriegsschulden, Besatzung, den fiskalischen Anforderungen der Kriegsfinanzierung. Ob man auf Otto Hintzes Diktum vom Krieg als dem «Schwungrad» staatlicher Verdichtung zurückgreift oder nicht, Kriege und Kriegsfolgen sind seit jeher auslösender Faktor für wichtige und tief greifende Reformen.

In Memel traf Stein auf einen hochmotivierten Kreis von Fachleuten verschiedener Sachbereiche, die den neuen Hoffnungsträger mit offenen Armen empfingen und ihm ihre Überlegungen vortrugen, wie der Staat möglichst schnell aus seiner Krise – die durch den Tilsiter Frieden offenkundig geworden war – wieder herausgeführt werden könne. Neben Offizieren wie Gneisenau und Scharnhorst waren das vor allem juristisch geschulte Beamte, die überwiegend aus der Königsberger Kant-Schule hervorgegangen waren. Diese Männer, die sich in dem von Minister Schroetter geleiteten ostpreußischen Provinzialdepartement konzentrierten, erwarteten viel von dem durch seinen Widerspruchsgeist und sein konsequentes Verhalten aufgefallenen Beamten, dem die Gesamtverantwortung für sämtliche «Zivilgeschäfte» übertragen wurde: Die Hebung der allgemeinen Stimmung, das Gefühl, sich aus dem Tiefpunkt herausarbeiten zu können, in dem sich Preußen nach dem Tilsiter Frieden befand, der das Territorium geradezu dramatisch beschnitten hatte, und überdies die dringend gebotenen Reformen, damit mehr Freiheit, Menschenwürde und Selbstbestimmung zur Grundlage der moralischen, intellektuellen und ökonomischen Entwicklung werden könnten. So kontrovers in diesem Kreis der Reformbeamten über die eine oder andere Maßnahme diskutiert wurde: es war ein «Planungsstab», wie ihn sich kein Minister besser hätte wünschen können. Die Voraussetzungen für Reformen waren insofern günstiger denn je: Das Land hatte nach den Desastern von 1806 und 1807 einen solchen neuen Hoffnungsträger herbeigesehnt, der nun als ein faktischer «Überminister» zwar nicht *carte blanche* für alle Maßnahmen hatte, dem man aber nur zu gerne zu folgen bereit war. Und die Voraussetzungen waren auch insofern günstig, als in den Ministerien in den zurückliegenden Monaten und Jahren schon vieles nicht nur angedacht, sondern bis zur Unterschriftsreife vorbereitet worden war, was mehr oder weniger mit Steins gedanklichen Ansätzen konform ging.

Nur von daher ist es nachvollziehbar, dass Stein nach nur wenigen Tagen im Amt sein Ministeriat mit einem wahren Paukenschlag eröffnete: mit dem sog. Oktoberedikt. Es wäre ohne die zurückliegenden, oft kontroversen Diskussionen unter den «Königsbergern» so und vor allem so schnell gar nicht denkbar gewesen – und von daher reduziert sich Steins Verdienst gerade an diesem Edikt dann wohl auch darauf, ihm grünes Licht verschafft, nicht etwa, es höchstselbst ausformuliert zu haben. Dies muss umso nachdrücklicher betont werden, da ihm die spezifischen Verhältnisse des ostelbischen Bauerntums zwar von mehreren Reisen im Prinzip bekannt waren, nicht aber in den Einzelheiten. Denn das Oktoberedikt betraf unbeschadet seiner allgemeinen Gültigkeit nicht die (ehemals) preußischen Westprovinzen, sondern nur «Ostelbien» – bzw. das, was nach Tilsit davon übrig geblieben war.

Das Oktoberedikt, das sich einordnet in die lange Reihe von (europäischen) Versuchen, unter dem Vorzeichen des Physiokratismus die Situation des Bauerntums zu verbessern, konnte im Grunde anknüpfen an die preußische Politik der friderizianischen Zeit auf den königlichen Domänen, die einen Großteil der ostelbischen Bauern betroffen hatte, die aber bisher noch nicht auf das adlige Gutssystem ausgedehnt worden war. Im Kern betraf es die Erbuntertänigkeit der Bauern, also eine besondere Form der wirtschaftlichen und persönlichen Abhängigkeit des Gutsbauern von «seinem» Grundherrn, die vor allem die sog. Schollenpflicht und (mehr oder weniger) moderate Frondienste beinhaltete. Auch wenn man in Rechnung stellt, dass die Aufhebung der Gutsuntertänigkeit nur noch den kleineren Teil der ostpreußischen Bauern betraf, war das eine Maßnahme, die so ganz Steins Credo entsprach, dass der Wiederaufbau des Landes sich nur von der wirtschaftlichen Erholung herleiten lasse, die sich umso eher einstelle, je schneller man die Wirtschaft von Bevormundung und Protektionismus befreie. In einem wirtschaftlich und sozial gesicherten mittleren Bauernstand sah Stein einen Königsweg der staatlichen Strukturpolitik.

Aber es ging Stein, von seiner westfälischen Vergangenheit her dem Bauernstand ganz sicher emotional besonders verbunden, um mehr als um die bloße Ausdehnung des alten friderizianischen Krondomänen-Edikts auf die Gesamtheit der Monarchie, es ging ihm um die prinzipielle Öffnung der Gesellschaft, um den Abbau der sozialen Strukturen einer vergangenen Zeit, der inzwischen überall in Europa in Angriff genommen worden war, es ging ihm in letzter Instanz um die Umsetzung einer politischen Philosophie, die darauf ausgerichtet war, die Fesseln staatlichen Protektionismus zu beseitigen. Und auf diese übergeordnete Grundidee gingen dann auch manche Inkonsequenzen und handwerkliche Fehler zurück, etwa dass das neue Edikt in der Praxis dem alten Bauernlegen nicht konsequent einen Riegel vorschob oder dass die Patrimonialgerichtsbarkeit beim Adel verblieb. Aber selbst diese Inkonsequenzen, die eher wieder adelsfreundlichen Charakter hatten, konnten es nicht verhindern, dass Stein aus den Reihen des betroffenen Adels heftige Kritik, ja geradezu Hass entgegenschlug. Der ostpreußische Adel war zu einem guten Teil sehr arm, sein Bildungsgrad war bedenklich, und in einer solchen Schicht ist die Neigung, an den überkommenen Privilegien festzuhalten, sich zäh gegen Einbußen an Land, Rechten oder Prestige zur Wehr zu setzen, besonders ausgeprägt.

Probleme erwuchsen auch daraus, dass – und das war Steins ganz eigene Entscheidung – das Oktoberedikt von vornherein auf den Gesamtbereich der Monarchie ausgedehnt wurde, und das hieß vor allem, da der (wenigstens interimistisch verloren gegangene) gesamte Westen der Monarchie davon nicht berührt wurde: auch auf Schlesien. Während es in Ostpreußen nur noch eine relativ kleine Schicht gutsabhängiger Bauern gab, die davon betroffen waren, waren es in Schlesien, dessen Adel auf den Parvenü von der Lahn ohnehin eher von oben herabblickte, noch etwa zwei Drittel. Schlesien sollte mittelfristig deswegen auch zu der Provinz werden, wo der Widerstand gegen das Oktoberedikt sich am heftigsten artikulierte und etliche Aufstände nach sich zog – in der angespannten Kriegssituation musste dergleichen fatale Auswirkungen haben. Die Landtage in die Beratungen mit einzubeziehen, um wahrscheinliche Kritik im Keim zu ersticken, hatte Stein nicht einmal ernsthaft ins Auge gefasst, wahrscheinlich weil ihm klar war, dass der «große Wurf» dort doch nur zerredet werden würde. So kann es kaum überraschen, dass noch während Steins Amtszeit eine Reform der Reform begann, die dann unter Hardenberg geradezu reaktionäre Züge annahm. Deswegen kann man das Oktoberedikt zwar, wie Ritter, nicht ohne eine gewisse Berechtigung als ein «Fragment» bezeichnen, aber ob man ihm damit vollauf gerecht wird, das steht dahin.

Denn trotz aller Kritik und aller Verwässerung in der Zukunft: Das Oktoberedikt steht wie ein erratischer Block am Beginn jenes langwierigen und für manche schmerzhaften Modernisierungsprozesses, der Preußen in eine neue Zeit überführen sollte. Der von Theodor von Schön, einem der maßgeblichen Autoren, geprägte Begriff der «Habeas-corpus-Akte der Freiheit» ist zwar hoch gegriffen, ist aber nachvollziehbar, weil damit dem Prinzip der Selbstbestimmung in Preußen endgültig Bahn gebrochen wurde. Dass ihm nicht – sozusagen Schlag auf Schlag – weitere Edikte und Gesetze folgten, die im Entwurf in den Schubladen der Ministerialbeamten lagen, hatte vor allem mit der innenpolitischen Lage in Preußen zu tun. Die französische Militärregierung hatte Rest-Preußen – so musste man nach Tilsit ja wohl sagen – exorbitant hohe Kriegsentschädigungen auferlegt, die der Staat nach Lage der Dinge schlicht nicht zahlen konnte. In die Bemühungen, hier eine deutliche Reduktion zu erreichen, hatte sich auch der neue leitende Minister einzuschalten, und in der Tat nahm das einen Gutteil des Zeitbudgets Steins im Winter, Frühjahr und Frühsommer 1808 in Anspruch. Er weilte über viele Wochen in Berlin, um persönlich mit französischen Funktionsträgern über einen Nachlass der Kriegsentschädigungen zu verhandeln, kümmerte sich um die Instruktionen für Dritte, die in derselben Angelegenheit direkt bei Napoleon vorstellig wurden – kurzum, kostbare Zeit, so muss es im Rückblick erscheinen, ging verloren, die nicht für die anstehenden Reformen genutzt werden konnte. Hinzu kam, dass sich nach einigen Monaten des Zuwartens der Vertrauensvorschuss Steins rasch aufzehrte – je weniger es gelang, die Bevölkerung spürbar zu entlasten oder ihr wenigstens das Gefühl zu vermitteln, man sei auf einem guten Weg, desto rascher wuchs die Opposition gegen ihn, die von Anfang an im Spiel gewesen war, aber nun erkennbar an Zulauf gewann. Kurzum, in der Politik nichts Ungewöhnliches, der Stern des Hoffnungsträgers verblasste – nicht unbedingt schon nach den ominösen 100 Tagen – deutlich, weil die spektakulären Erfolge ausblieben.

Problematisch wurde die Situation zusätzlich dadurch, dass Stein – frustriert darüber, dass er bei den Franzosen gegen eine Mauer rannte – zunehmend andere Optionen ins Auge zu fassen begann, in Anlehnung an Motive, die schon im Vorfeld seiner ersten Entlassung eine Rolle gespielt hatten. Dazu gehörte das Motiv, einen allgemeinen Aufstand gegen Napoleons drückende Besatzungsherrschaft in Szene zu setzen, der sich nicht auf Preußen zu beschränken hätte und zudem elementar auf die Unterstützung dritter Staaten, die sich bisher der napoleonischen direkten oder indirekten Annexion entzogen hatten, angewiesen wäre. Hier wurde der Keim des neuerlichen Scheiterns Steins gelegt.

Die Reformvorhaben blieben über diesem Diktat des Alltags, der eklatanten Finanznot und des vergeblichen Bemühens um irgendein Entgegenkommen des französischen Kaisers mehr oder weniger auf der Strecke. Zu einer alle Ebenen – neben den Kommunen die Kreise, die Provinzen und die Zentralbehörden – umfassenden Verwaltungsreform kam es nicht, obwohl gerade das Steins Lieblingsidee und sein eigentliches Feld war, auf dem er Expertise besaß. Am Ende kam es dann nur noch zu einem spektakulären Reformedikt, das freilich von erheblicher Langzeitwirkung war und im deutschen Sprachraum die Idee der kommunalen Selbstverwaltung begründete. Die sog. Städtereform, die der Monarch unmittelbar vor Steins neuerlicher Entlassung unterschrieb und damit rechtswirksam machte, muss zu den säkularen Gesetzesmaßnahmen des 19. Jahrhunderts gezählt werden. Freilich muss bei aller Euphorie, die etwa im Gedenkjahr 1907 mit den Händen zu greifen war, davor gewarnt werden, sie in kühner Übersteigerung als Schlüsseldokument demokratischer Herrschaftsausübung zu interpretieren – die Inhaltsparaphrase wird das verdeutlichen.

Ihr Kerngedanke speiste sich wahrscheinlich erneut aus Steins westfälischen Erfahrungen: aus der Einsicht, dass orts- oder gar provinzfremde Beamte die Belange der Gemeinden, in denen sie zufällig eingesetzt wurden, weder angemessen überblickten noch sich so für sie einsetzten, wie es von Einheimischen, von Menschen, die mit der Region und den Mentalitäten ihrer Bewohner vertraut waren, erwartet werden konnte. Stein sprach seit der Nassauer Denkschrift von einem geist- und seelenlosen Bürokratismus, der sich im bloßen Verwalten auf dem geringstmöglichen Niveau erschöpfe. An seine Stelle müsse die tätige Mitwirkung der mit Besitz begabten Bürger treten, die per Wahl in die Verantwortung gelangten und sie natürlich auch nur befristet übernahmen, aber sich auf verschiedenen Ebenen lebenslang für die Prosperität ihres Gemeinwesens engagierten. Stein hat sich über die Formen bürgerlicher Partizipation gründlich informieren lassen, u. a. von seinem Freund Vincke, der 1808 England bereiste und sich dort umfassend über das System des *self-government* unterrichtete. Aber auch hier kam dem oben schon genannten «Königsberger Kreis» wohl eine Schlüsselrolle zu. Hier war, bei allen Differenzen im Kleinen und bei aller Fixierung zunächst einmal auf den lokalen Regelungsbedarf, das Konzept einer bürgerlichen Zivilgesellschaft entwickelt worden, dessen Grundidee war, dass das Bürgertum sich persönlich für die Belange seines Gemeinwesens einzusetzen habe. Schön, der Polizeidirektor Frey und der Juraprofessor Heidemann waren die maßgeblichen Persönlichkeiten, denen entscheidende Passagen der Städteordnung zu verdanken waren, die dann unter dem Namen Steins in die Geschichte eingehen sollte.

Obwohl es sich – im Unterschied zu dem Oktoberedikt – um ein höchst umfangreiches Gesetzeswerk mit über 200 Artikeln handelt, ist sein wesentlicher Inhalt rasch wiedergegeben. Die Städte im Königreich wurden – entsprechend ihrer Einwohnerzahl – in drei Klassen eingeteilt, danach richtete sich dann die Größe der Stadtverordnetenversammlung. Die städtischen Einwohner teilten sich in nur noch zwei Klassen, die wahlberechtigten Bürger und die sog. Schutzverwandten, unter denen alle wirtschaftlich nicht selbständigen Gruppen (Gesinde, Gesellen, Tagelöhner usw.) subsumiert wurden; die Schutzverwandten verfügten über kein Wahlrecht. Der Erwerb des Bürgerrechts, der im Übrigen auch unverheirateten Frauen und Nichtchristen offenstand, war vom Nachweis eines Mindesteinkommens abhängig. Sein Erwerb wurde zusätzlich attraktiv gemacht durch die Maßgabe, dass jede Art von Gewerbe und Grundbesitz das Bürgerrecht voraussetzte. Die Bürger waren es, die die städtischen Lasten trugen, die das aktive Wahlrecht ausübten und sich für öffentliche Ämter zur Verfügung zu stellen hatten. Die Stadtverordnetenversammlung mit ihren 24 bis 102 Mitgliedern wählte aus ihrer Mitte den Magistrat, der neben den unbesoldeten, also ehrenamtlichen Funktionsträgern auch noch besoldete vorsah. An dessen Spitze wiederum stand der Bürgermeister bzw. – in den Städten der 3. Klasse – der Oberbürgermeister, dessen Amtszeit generell zwölf Jahre betrug.

Das für die Zeit Umstürzende und aufregend Neue war, dass in dieser Konstruktion, die im Prinzip bis heute die Gemeindeverfassung in Deutschland bestimmt und insofern zu einem integralen Bestandteil der deutschen Verfassungsentwicklung geworden ist, den Städten ein Grad an Autonomie zugesprochen wurde, wie er wenigstens in Preußen längst außer Übung gekommen war, und dass die politische Partizipation eines jeden männlichen Bürgers gleich welcher Konfession und der Frauen, die das Bürgerrecht erwerben konnten, nur noch von einem Einkommensnachweis, aber nicht mehr – wie im Ancien Régime – von der Zugehörigkeit zu einer Zunft oder einer vergleichbaren Korporation oder gar von der Konfession abhängig gemacht wurde. Der bislang als unauflöslich erscheinende Zusammenhang von gesellschaftlicher Stellung und politischer Partizipation war aufgehoben. So «unmodern» heutigen, am Gleichheitsprinzip orientierten Lesern des Dokuments das eine oder andere – etwa das Konstrukt des Schutzverwandten oder die Bindung des Bürgerrechts an einen Einkommens- bzw. Vermögensnachweis – erscheinen mag: mit diesem Dokument wurde das Tor in eine neue Zeit aufgestoßen und das Ancien Régime endgültig ausgeläutet.

Die Praxis hielt mit diesem epochalen Umbruch zunächst nicht Schritt. Selbst in Königsberg fand die zudem wegen des Widerstands bestimmter Gruppen der Bevölkerung, die sich schlicht dem Erwerb des Bürgerrechts entzogen, um drei Wochen verschobene Wahl nur äußerst geringen Widerhall, und es kam in diesem Fall hinzu, dass die Kommune mit ihren Oberbürgermeistern kein großes Glück hatte – der erste resignierte nach kurzer Zeit aufgrund seiner Selbsteinschätzung, dem Amt nicht gewachsen zu sein, der zweite verstarb nach knapp vier Jahren, so dass in der ostpreußischen Hauptstadt fünf Jahre nach Einführung der Ordnung schon zum dritten Mal ein Stadtoberhaupt gewählt werden musste. Aber das war ein Symptom – und zudem die Inkarnation des Traumas eines jeden Gesetzgebers, dass die Öffentlichkeit auch ein gut gedachtes und innovatives Reformprogramm schlicht nicht annimmt, oder doch nur nach einer langen Anlauf- und Anpassungszeit. In Königsberg dauerte es Jahrzehnte, bis sich die Wahlbeteiligung in den zweistelligen Bereich hinein verbesserte. All jene, die von vornherein ihre Bedenken gehabt hatten, dass Steins

Vorstellung von einer sittlichen Gemeinschaft achtbarer Männer vielleicht doch ein wenig idealistisch war, werden sich durch
solche Zahlen bestätigt gefühlt haben. Die Appelle an Bürgersinn und Gemeingeist fruchteten jedenfalls nicht unmittelbar,
die Akzeptanzprobleme waren unübersehbar.

Anderswo hat sich die Entwicklung etwas rascher vollzogen,
etwa in Memel, aber Reserven der Bevölkerung blieben lange
wach, unter anderem Ängste, dass ihre Belastungen zu hoch
stiegen. Und zu alldem muss man im Auge behalten, dass die
Städteordnung – da es zu Kreis-, Bezirks- und Provinzialord-
nungen in der Ära Stein nicht mehr kam – gewissermaßen in der
Luft hing, also nicht in schlüssige Gesamtstrukturen eingebun-
den war, und dass bestimmte Autonomierechte der Städte, etwa
die Gerichtsbarkeit und Polizeigewalt oder das Selbstbesteue-
rungsrecht, zu unpräzise gefasst waren und deshalb schnell wieder ausgehebelt werden konnten. Es war kein Zufall, dass schon
unmittelbar nach Steins Ausscheiden aus dem Dienst über eine
Novellierung der Städteordnung, also eine Reform der Reform,
diskutiert zu werden begann, die dann, nach 42 ergänzenden
«Deklarationen», in die – jetzt auch für die westlichen Teile der
Monarchie gedachte – «Revidierte Städteordnung» einmündete,
die wenige Wochen vor Steins Tod, im Frühjahr 1831, erlassen
wurde und durchaus einen restaurativ-reaktionären Geist at-
mete.

Die beiden großen Reformgesetze von 1807/08 waren im Übrigen auch für die DDR-Geschichtswissenschaft Grund und Anlass, sich dem Werk des Reichsfreiherrn – eines, in ihren Augen,
Relikts der Feudalepoche und eines in seinem Kern konservativen Adligen – vorsichtig anzunähern. Ausweis dafür sind nicht
nur gleich zwei Gedenkbriefmarken der damaligen Postverwal-
tung, sondern vor allem eine umfangreiche, parallel zu dem
bundesrepublikanischen Editionsunternehmen der *Briefe und
amtlichen Schriften* erschienene dreibändige Quellensammlung
zum *Reformministerium Stein*, die von Heinrich Scheel in den
späten 1960er Jahren herausgegeben wurde.

Dieses Interesse war ein Indiz dafür, dass man die Deutungshoheit über eine Epoche der deutschen Geschichte für sich re-

klamierte, der im Rahmen der marxistischen Geschichtskons-
truktion und -teleologie ein ganz besonderer Rang zukam: die
Epoche der sog. bürgerlichen Revolution. Aber diese Deutungshoheit versuchten immer auch andere Kräfte an sich zu reißen.
Stein wurde in der Geschichte der öffentlichen Meinung über
alle politischen Lager dieser beiden Schlüsseldokumente wegen
zu der Referenzfigur schlechthin. Oft, gerade in Gedenkjahren
wie dem von 1931, schlug das sogar in eine förmliche Apotheose um, und dabei schossen die Festredner gelegentlich deutlich
übers Ziel hinaus. Stein konnte mit diesen beiden Gesetzen den
Reformstau in Preußen allenfalls begrenzt abbauen, vieles – einmal ganz abgesehen von der umfassenden Verwaltungsreform –
blieb der Zeitumstände und der Kürze von Steins zweiter Amtszeit wegen liegen und kam über Vorarbeiten von Ministerialbeamten kaum hinaus, die Stein freilich in einem unglaublichen
Maß zu motivieren wusste. Das gilt insbesondere für den ganzen
Komplex der Gewerbefreiheit oder die Steuer- und Finanzreform
und die Revision der Akziseverfassung. Auch die Einrichtung
von «Reichsständen» für die Gesamtmonarchie scheiterte, diesmal eindeutig an der Indolenz der Krone – ein Thema, das Stein
sein ganzes Leben lang nun begleiten sollte. Wenigstens indirekt
ist Stein, der Nichtmilitär, immerhin noch – begleitend, kommentierend – beteiligt gewesen an den Militärreformen, einem
Feld im Übrigen, für das der Monarch ein erstaunliches Interesse zeigte, ohne freilich mit den Vorstellungen seiner Offiziere,
der Scharnhorst, Gneisenau und Yorck, immer konform zu gehen. Noch in Steins Amtszeit mündeten diese Reformbestrebun-
gen zunächst in die neuen Kriegsartikel vom August 1808, die
er, wie gesagt, nicht mitverfasst hatte, die aber ganz seinem politischen Welt- und Gesellschaftsbild entsprachen: die Verpflichtung jedes Untertanen «ohne Unterschied der Geburt» zum
Kriegsdienst, keine Standesvorteile bei den Offiziersstellen – anders formuliert: die Umsetzung des Bemühens, die Bürger stär-
ker an den Staat heranzuführen, ihre Partizipationsmöglichkei-
ten zu verbessern, sie Verantwortung übernehmen zu lassen.

Das Ende des legendären 14-monatigen Reformministeriats
Steins hatte sich spätestens im Spätsommer 1808, wenn ange-

sichts einer anschwellenden Opposition nicht bereits im Frühjahr, angekündigt. Ein Privatbrief Steins an einen eher windigen
Zeitgenossen, einen Fürsten Wittgenstein, der wohl nicht zufällig später in der Reaktionszeit preußischer Polizeiminister werden sollte, wurde vom französischen Geheimdienst abgefangen
und umgehend in offiziösen Organen wie dem *Moniteur* veröf-
fentlicht: ein Brief, in dem Stein laut über die Möglichkeiten
und Voraussetzungen einer Erhebung gegen Napoleon in Nord-
westdeutschland nachdachte. Stein, das war in diesem Augenblick klar, würde als leitender Minister nur noch schwer zu halten sein, und dementsprechend sah der preußische König dann
auch sofort davon ab, Stein auf dem bevorstehenden Erfurter
Fürstentag die Interessen Preußens vertreten zu lassen – es wäre
das erste Zusammentreffen des Reichsfreiherrn mit dem Kaiser
der Franzosen gewesen, zu dem es dann nie mehr kommen
sollte. Sich auszumalen, wie eine solche Begegnung verlaufen
wäre, ist eine besonders reizvolle kontrafaktische Herausforderung. Die französische Seite ließ die Angelegenheit zunächst
zwar nicht weiter eskalieren – der Druck auf den preußischen
König wurde allerdings größer, Stein die Funktion des leitenden
Ministers zu entziehen –, was Stein immerhin noch den Freiraum schuf, die Städteordnung unter Dach und Fach zu bringen. Unmittelbar danach sah sich Friedrich Wilhelm III. angesichts zunehmenden Drucks, der nicht nur von außen kam, sondern auch von einem vielstimmigen innerpreußischen Chor der
Enttäuschten begleitet wurde, denen die Reformen nur Nach-
teile gebracht hatten oder die nicht verstehen konnten oder
wollten, dass Stein seinen vermeintlich großen Freiraum nicht
besser im Sinn von weiteren Reformen genutzt hatte, dann aber
doch gezwungen, Stein – diesmal «in Gnaden» und mit allen
Zeichen des Danks und des Respekts – seines Amtes zu ent-
heben. In einem von befreundeter Seite formulierten, aber von
Stein voll mitgetragenen Dokument, dem sog. Politischen Testament, legte er nieder, wohin der Weg hätte weitergehen sollen:
ein Dokument des Leitgedankens, das Volk mit dem Staat zu
versöhnen und es moralisch «aufzurichten», ein Dokument der
offensiven Modernisierung, ein Dokument, das seine gesell-

schaftspolitische Vision noch einmal zusammenfasste: eine Gesellschaft, deren einzelne Gruppen auf Augenhöhe zueinander
standen, die alle bereit waren, für den Staat Opfer zu bringen
und sich für ihn zu engagieren. Dieses Credo machte in Preußen
Geschichte und wurde spätestens im Befreiungskrieg zu einer
Art Staatsideologie. Daneben nahm sich das, was in den 14 Monaten hatte erreicht werden können, freilich eher bescheiden
aus – der große Ruck durch die Gesellschaft war allenfalls in
Ansätzen zu erkennen, die Reformen waren vorzeitig abgebrochen worden.

Nichtsdestoweniger: Preußen hatte unter und durch Stein
Anschluss gefunden an die allgemeine Reformbewegung, die die
europäischen und deutschen Staaten durchzog, die alle vor
einem und demselben Problem standen: Mit der Herausforderung von Krieg und Besetzung fertig werden zu müssen, in
einem erheblichen Maß auf Geld angewiesen zu sein und dafür
alle Ressourcen aktivieren, alle Einsparmöglichkeiten nutzen,
manches aus der Staatsregie in andere Verantwortlichkeiten
entlassen zu müssen. Der weitgehende «Rückzug» des Staates
aus der Stadt hatte natürlich auch finanzielle Implikationen, der
von den Militärs anempfohlene Verzicht auf geworbene Söldner
hatte selbstredend auch fiskalische Gründe. Freilich hatte Stein
mit dem relativ schmalen Bündel von Reformen, die zudem
schnell wieder verwässert wurden, allenfalls das Tor zur Moderne aufgestoßen, aber noch nicht die Moderne wirklich heraufgeführt. Die Zukunft sollte zeigen, dass das in Preußen ein
besonders zäher Prozess war.

Es war eine Ironie der Geschichte, dass die neue Reformbewegung auch in Staaten, die sich der Einbeziehung in die napoleonische Klientel widersetzten, von der Überfigur der Epoche
wenigstens indirekt mit veranlasst wurde. Waren in den Rheinbundstaaten die Reformen als Ausweis gedacht, zu Recht dem
fortschrittlichen napoleonischen Lager anzugehören, so wurden
die ersten Reformen in Preußen initiiert, um den Staat gegen
Napoleon stark zu machen. Lediglich in Russland hat die «Herausforderung Napoleon» nicht einen nennenswerten Reform-
prozess in Gang gesetzt.

5. Ein politischer Flüchtling und die Schärfung seines Weltbildes

Stein zog sich nach seiner Entlassung aus Königsberg, wo der Hof inzwischen wieder residierte, zunächst nach Berlin zurück. Er war gerade einmal 51 Jahre, und es war ihm, der politisch gestalten wollte, klar, dass das noch nicht der Zeitpunkt war, um sich aufs Altenteil, also etwa seinen Stammsitz an der Lahn, zurückzuziehen und sich nur noch der Lektüre anspruchsvoller Bücher und der Pflege seiner umfangreichen Korrespondenz zu widmen. In Preußen, auch dank eigenen Ungeschicks, entlassen worden zu sein, musste nicht zwingend bedeuten, dass er nicht über kurz oder lang dort eine dritte Chance erhalten würde – oder dass er seine Kompetenz einem dritten Staat zur Verfügung stellte: 1807 hatte es aus St. Petersburg schon mehr als einmal entsprechende Angebote gegeben, denn Zar Alexander I. war bewusst, welches politische Talent einem Landesherrn hier zur Verfügung stand.

Aber die Situation veränderte sich dramatisch: Aus seinem Heerlager bei Madrid erließ Napoleon im Dezember 1808 ein Mandat, das den *nommé Stein* in Acht und Bann tat, seine Güter dem Sequester unterwarf und ihn – wenigstens indirekt – für vogelfrei erklärte. Von dem in Berlin ansässigen diplomatischen Corps wurde Stein, im Übrigen nicht ohne Zutun französischer Funktionsträger, von dieser unerwarteten Wendung der Dinge so rechtzeitig informiert, dass er ohne Familie und Dienstpersonal und unter Zurücklassung seiner gesamten beweglichen Habe umgehend flüchten konnte. Bei Nacht und Nebel setzte er sich zunächst zu seinem alten Freund Graf Reden nach Buchwald im schlesischen Riesengebirge ab und überquerte dann mit einem eilends besorgten Pass, also legal, wenige Tage später, Anfang Januar 1809, die österreichische Grenze. Er war innerhalb weniger Tage zum politischen Flüchtling geworden.

Die Forschung hat sich wiederholt mit dieser Ächtung eines Privatmanns beschäftigt, die zudem erst viele Monate nach Bekanntwerden des Wittgenstein-Briefs erfolgte, und dabei zu Hypothesen ihre Zuflucht genommen, weil das einschlägige Quellenmaterial ausgesprochen dürftig ist. So ist etwa die Hypothese diskutiert worden, Napoleon habe sich deswegen so spät zu diesem Schritt entschlossen, weil er bei einer solchen Maßnahme gegen einen noch im Amt befindlichen preußischen Minister tatsächlich mit dem Ausbruch von Aufständen im deutschen Nordwesten habe rechnen müssen. Von französischer Seite ist gemutmaßt worden, neben dem Wittgenstein-Brief sei später noch weiteres, Stein belastendes Material aufgetaucht. Sei dem wie ihm wolle, die Forschung befindet sich hier auf einem unsicheren Terrain, ohne dass erkennbar wäre, dass es in absehbarer Zeit an Festigkeit gewönne. Im Übrigen, so scheint es, ist von französischer Seite nie ernsthaft der Versuch gemacht worden, Steins habhaft zu werden, auch wenn den Reichsfreiherrn diese Angst, im Gedenken an das Schicksal des Nürnberger Buchhändlers Palm, den Napoleon hatte erschießen lassen, nun einige Jahre begleiten sollte. Aber eins war für Stein von diesem Augenblick an klar: Napoleon war zur eigentlichen Negativfigur seines Lebens geworden, dem er – indirekt – nicht nur die Mediatisierung seines mittelrheinischen Besitzes zu «verdanken» hatte, sondern der jetzt auch noch seine Karriere mit all ihren Perspektiven zerstört hatte. Der bibelfeste Stein hätte möglicherweise von seinem Menetekel gesprochen.

Für den Habsburgerstaat war es keine Selbstverständlichkeit, in der gegebenen Situation einen von Napoleon in Acht und Bann getanen ehemaligen preußischen Minister aufzunehmen und ihm Asyl zu gewähren – das konnte sich durchaus zu einer Belastung der ohnehin sensiblen politischen Beziehungen auswachsen. Aber Stein hatte potente Freunde in Wien: die beiden Stadion-Brüder, die ihm aus seiner Mainzer Vergangenheit gut bekannt waren, und einen aus Irland stammenden ehemaligen Göttinger Kommilitonen, der gerade eben zum Minister für Finanzen ernannt worden war, den Grafen Franz Joseph O'Donnell of Tyrconnell, nicht zuletzt auch in der Person des Staats-

und Konferenzrats Baldacci einen geradezu glühenden Verehrer. Sie sorgten dafür, dass Stein nicht nur – um es in der heutigen Sprache zu formulieren – eine Aufenthaltsgenehmigung erhielt, sondern nach einer ersten Zwischenstation in Brünn, die ihm aus Sorge vor konspirativen Aktivitäten gegen Frankreich zunächst einmal als Zufluchtsort zugewiesen worden war, am Ende seinen Wohnsitz in Prag nehmen konnte, wohin ihm seine Familie folgte.

Stein hat dieses Exil, das angesichts des faktischen Verlusts Birnbaums immerhin von kleineren finanziellen Problemen überschattet wurde, die freilich durch preußische Pensionszahlungen dann auch wieder relativiert wurden, unter anderem dazu genutzt, um seinen beiden Töchtern einen sehr intensiven Unterricht namentlich in Geschichte zu erteilen, bei dem nicht nur die nationale Geschichte einen deutlichen Schwerpunkt bildete, sondern auch die französische, speziell unter der Fragestellung, wie es zu dem Ereignis von 1789 hatte kommen können. Geschichte war für Stein eine zentrale Leitkategorie seines Denkens und Handelns, und dementsprechend musste sie auch zu einem zentralen Erziehungsgegenstand werden, um die nachwachsende Generation sensibel zu machen für die Wurzeln, für die Werte der Tradition, für die – meist lange – Vorgeschichte des Hier und Heute. Diesem Unterricht der beiden Töchter verdanken sich im Übrigen mehrere historische Werke von beachtlichem wissenschaftlichem Rang, die damals zwar ungedruckt blieben (und erst im frühen 20. Jahrhundert allgemein zugänglich wurden), aber durchaus publikationswürdig waren. Er hat im Exil darüber hinaus seine vielfältigen Verbindungen gepflegt: zu Diplomaten und politischen Publizisten, zu Fürsten und preußischen Vertrauten. Schon allein aus dem Kreis, den er in Prag um sich bildete und dem u. a. der exilierte Kurfürst von Hessen-Kassel, Graf Friedrich Stadion, die Fürstin Lichnowsky, die Brüder Sternberg angehörten, von den böhmischen Hochadligen, den Nostiz, Kolowrat und Czernin einmal ganz abgesehen, empfing er mannigfache Anregungen – und natürlich auch Unterstützung seiner Weltsicht. Auch wenn er unter besonderer und strenger Beobachtung der österreichischen Geheimpolizei stand: Stein zählte nach wie vor zu den bestinformierten Männern in Europa, die nicht in einem Staatsamt standen. Die Korrespondenz mit preußischen Funktionsträgern lief über geheime Kanäle weiter und betraf nicht nur das Schicksal seines Reformwerks. In Prag empfing er vermeintlich «unverdächtige» Gesprächspartner, und mit dem großen Kreis jener Personen, die vor Napoleon ins böhmische Exil geflohen waren, stand er auf gesellschaftlicher Ebene in teils enger Verbindung, mit den politischen Schlüsselfiguren des Wiener Hofs versuchte er in Kontakt zu kommen bzw. die Gesprächsfäden nicht abreißen zu lassen.

Der Sinn all dessen war klar: dieser *homo politicus* war nicht für eine *vita passiva* geeignet, er wollte, wo auch immer, wieder politisch gestalten. Aber dieses Wollen war an eine entscheidende Voraussetzung geknüpft: Mitteleuropa vom napoleonischen «Joch» zu befreien: Napoleon zu beseitigen, seiner Zwangsherrschaft, die das gesamte politische System Europas zerrüttet hatte, ein Ende zu bereiten, wurde nun zu dem beherrschenden Thema der Jahre bis zu Napoleons politischem Ende – und im Übrigen auch über diese Zeit hinaus, denn das Trauma der Wiederkehr einer französischen «Universalmonarchie» sollte ihn bis zu seinem Tod nicht mehr loslassen. Stein hatte zwar auch schon in vertraulichen Memoranden während seines zweiten Ministeriats und in Privatbriefen den Kaiser der Franzosen mit den denkbar herabwürdigendsten Epitheta bedacht, aber seine Aversionen gegen die Überfigur der Epoche gewannen nun doch noch einmal eine neue Qualität: sie schlugen in Hass um. Stein hat in seinem Leben sicher nur ganz wenige Menschen aus der Tiefe seines Herzens heraus gehasst: Napoleon rangierte hier mit Abstand an der Spitze.

Das bedeutete, da er von dem Preußen Friedrich Wilhelms III. und seines faktischen Nachfolgers, des – als Begriff und von der Sache her von Stein immer abgelehnten und im Lauf der Jahre immer negativer konnotierten – «Staatskanzlers» Hardenberg, keine wirklichen Initiativen im Kampf um die «Befreiung» Mitteleuropas erwartete, dass Stein seine Hoffnungen auf andere zu setzen begann: auf Österreich, dem er nach dem Sieg Erzher-

zog Karls bei Aspern (22. Mai 1809) seinen hohen Respekt
zollte und dessen Volksaufstand ihn beeindruckte und dem er
ungefragt Ratschläge für alle möglichen Bereiche des öffentlichen Lebens erteilte, natürlich auch zur Einrichtung von
Selbstverwaltungskörpern; auf Großbritannien, mit dessen Diplomaten und Mitteleuropaexperten Graf Münster er alle Va-
rianten eines möglichen Eingreifens auf dem Kontinent in Verbindung mit einem Volksaufstand im deutschen Nordwesten
durchging; auf Russland nicht zuletzt, mit dessen Kaiser ihn seit
Jahren ein als vertraulich zu charakterisierendes Verhältnis
verband. Stein hat in dieser Zeit des Zuwartens und des ver-
deckten Agierens insbesondere einen Gedanken beständig wei-
terentwickelt, der gerade eben in Spanien mit Erfolg umgesetzt
worden war: den Gedanken des Volkskriegs, nicht in Form einer ungeordneten, spontanen Erhebung, sondern mit einem
Mindestmaß an Organisation in Landaufgeboten nicht regu-
lärer Truppen, also Landsturmeinheiten, Milizen. Er wusste
sich in dieser Hinsicht auch einig mit etlichen preußischen Militärs, die in dieser Richtung weiterdachten und den Gedanken
der allgemeinen Wehrpflicht zu entwickeln begannen. Wehrpflicht eines jeden Bürgers setzte allerdings voraus, dass die bisherigen Adelsvorrechte im Militärwesen radikal abgebaut werden mussten und dass ein neues Bild vom «Bürger in Uniform»
– um einen nicht zeitgenössischen Begriff zu verwenden – Platz
greifen musste, der zum Beispiel keinen entehrenden Strafen
mehr unterworfen werden durfte. Aber seine Gedanken eilten
in dieser Beziehung der tatsächlichen Entwicklung noch um
einige Jahre voraus – Freikorps à la Schill blieben zunächst noch
ganz seltene Ausnahmen.

In den böhmischen Jahren traten für Stein vor dieser Kardi-
nalherausforderung alle Reformmaßnahmen zurück. Er verfasste zwar hin und wieder noch Memoranden zu innenpolitischen Angelegenheiten Preußens, aber es war ihm wohl klar,
dass ihre Umsetzung sich zu gedulden habe bis zur politischen
Flurbereinigung. Und selbst wenn es dazu kommen sollte – und
es gab nur wenige Phasen in diesen oft deprimierenden Monaten, in denen Stein die Hoffnung verlor –, musste es zunächst

einmal ja darum gehen, der Mitte des Kontinents eine einigermaßen stabile Form zu geben, die vor allem eins zu berücksichtigen habe: Sicherheit gegenüber Frankreich. Dass das eine herkulische Aufgabe sein würde, war Stein bewusst: Die Rheinbundfürsten, die mit ihrem Überwechseln in das napoleonische Lager neben Rangerhöhungen zugleich volle außenpolitische Souveränität erlangt hatten, zu einer wenigstens partiellen Wiederaufgabe ihrer Rechte zu bewegen, ohne die es in Mitteleuropa bei einem bloßen Staatenbund bleiben würde, war kaum absehbar, und überhaupt würde über die Führungsrolle in einem solchen Gemeinwesen, das nicht mehr identisch mit dem von 1789 sein konnte, noch viel Diskussionsbedarf bestehen. Stein wollte von Anfang an den beiden deutschen Großmächten hier eine Führungsrolle zuweisen, aber wie sie im Einzelnen aussehen würde, blieb in der Zeit des böhmischen Exils noch denkbar ungewiss. Und würden alte Einrichtungen wie die freien, «reichsunmittelbaren» Städte noch eine Zukunft haben, würde möglicherweise gar an die Wiederbelebung der Reichsritterschaft gedacht werden können? Fragen über Fragen, die aber allesamt zunächst zurückzutreten hatten vor der Lösung des Hauptproblems: Europa von dem napoleonischen System zu befreien.

Die Lösung dieses Hauptproblems hing zunächst einmal von den militärischen Konjunkturen und der Bereitschaft der europäischen Mächte ab, sich gegen Napoleon miteinander zu verbünden – und Stein erkannte rasch, dass er nicht mehr im Zentrum der Macht stand und auf diese Kardinalfragen nur höchst bedingt Einfluss hatte. Was machen Menschen, die gestalten wollen, in solchen Situationen – sozusagen mit gefesselten Händen nur beobachten und appellieren zu können? Wenn sie nicht in offene Resignation verfallen, beginnen sie über den Geist ihrer Zeit nachzudenken, über den Charakter der Gegenwart als einer Übergangsepoche, ihren Glauben an eine bessere Zukunft in besonders prägnante Worte zu fassen und sich Reflexionen über die Vorbildhaftigkeit der amerikanischen Emanzipationsprozesse hinzugeben. Steins Denkschriften gewannen geradezu geschichtsphilosophische Qualität. Er hat diese Zeit trotz einiger Vorarbeiten nicht etwa genutzt, um sich an eine Autobiographie zu wagen, die sicher ihren Verleger gefunden hätte: Stein ging es nun um die Zukunft Europas.

Und in dieser Hinsicht – die Zukunft Europas gestalten zu wollen – folgte gewissermaßen ein Negativerlebnis dem anderen und ließen ihn gelegentlich nachgerade verzweifeln: Von Preußen war unter einem Staatskanzler Hardenberg wohl keine entschlossen antinapoleonische Politik zu erwarten, die Nachricht vom österreichisch-französischen Frieden vom Oktober 1810 kam einem Schock gleich und ließ alle Hoffnungen zunächst einmal in sich zusammenfallen, Preußens erneutes Hineingezwungenwerden in einen gegen Russland gerichteten französischen Vertrag im Februar 1812 bestätigte sein ganzes Misstrauen gegen die Hardenberg-Administration. Todesfälle in seinem unmittelbaren Umfeld – der Schwester Werthern, Friedrich Stadions – kamen hinzu, die die depressiven Phasen verstärkten. Es waren dann wohl immer seine geschichtsphilosophischen Überlegungen, etwa die, dass eine der positiven Erfahrungen aus der Geschichte die sei, dass es immer wieder zu «ganz unerwarteten Ereignissen» komme, die alles umstürzten. Das war wenig – und viel zugleich.

6. Die Organisation des «Befreiungskriegs»

Kurz nach Mitte Mai 1812 erreichte Stein ein ihm von einem hessischen Prinzen persönlich ausgehändigtes Schreiben, das er lange herbeigesehnt hatte: die Einladung Kaiser Alexanders, als sein Berater für die deutschen Angelegenheiten in seine Dienste zu treten und nach St. Petersburg zu kommen. Stein hätte wohl jede neue Dienstbestallung angenommen, die ihm die Chance eröffnete, wieder gestaltend in die Politik eingreifen zu können und die Nebenrolle eines bloßen «Rezensenten des Geschehens» hinter sich zu lassen, aber es unterliegt keinem Zweifel, dass ihm Alexanders I. Angebot mit Abstand am verlockendsten erschien. Er kannte den Romanow von seinen verschiedenen Zusammentreffen mit Friedrich Wilhelm III. her, offenbar hatte sich auch bereits früh eine Art von gegenseitigem Respekt entwickelt – auch wenn der Minister Alexanders lange zwiespältige Frankreich-Politik häufig genug kritisiert hatte –, so dass sich Stein ohne langes Zuwarten entschloss, diese neue Aufgabe zu übernehmen. Nachdem er seine Familie erst in allerletzter Minute von seinem Entschluss in Kenntnis gesetzt hatte, reiste er wenige Tage nach Erhalt des Briefes in Richtung Wilna ab, wo der Kaiser sein Feldlager aufgeschlagen hatte.

Die Personalentscheidung des Zaren war nach seinem – wie sich erweisen sollte: endgültigen – Bruch mit Napoleon gut begründet. Nicht nur, dass er Stein in den zurückliegenden Jahren als einen Mann mit Charakter und festen Prinzipien kennengelernt hatte, der zudem fest auf dem Boden des Christentums stand, nein, Stein hatte auch eine überragende Kenntnis sowohl der preußischen als auch der österreichischen Funktionsträger, die bei einer «Europäisierung» des antinapoleonischen Kriegs Gold wert sein konnte. Und es mag sein, dass der Zar sich auch selbst richtig einschätzte: Bei einer längeren Dauer des Kriegs würde es Krisen und Rückschläge geben, und in solchen Situationen einen Mann wie Stein an seiner Seite zu wissen, der sich in dem Ziel der Erhebung Deutschlands und des Sturzes Napoleons selbst verzehrte, der Überzeugungskraft besaß – das konnte eminent wichtig sein. Insofern hatte sich für Alexander die «Personalie» Stein geradezu aufgedrängt.

Die Reise nach Wilna kam freilich in jeder Hinsicht einer Fahrt ins Ungewisse gleich. Noch wusste niemand, wie der Krieg, den Napoleon bis nach Moskau zu tragen entschlossen war, ausgehen würde – die Erfahrung sprach eher dafür, dass Napoleon mit seinem 400 000-Mann-Heer auch ihn zu seinen Gunsten entscheiden würde. Die Einladung Alexanders schien Stein aber doch zu signalisieren, dass der Kaiser von seinem Erfolg überzeugt war und zukünftig alles daran setzen würde, deutsche Partner für den Entscheidungskampf gegen Napoleon zu finden. Auch wenn es viele Unbekannte in der Rechnung gab, etwa auch die, ob es dem Zaren gelingen würde, im Eventualfall seine Militärs und den russischen Hochadel von der Notwendigkeit zu überzeugen, den Krieg über die russischen Grenzen hinweg nach Westen fortzusetzen – Stein war Feuer und Flamme, endlich wieder mitreden und mitwirken zu können. Freilich konnte er die Probleme seiner Bestallung auch nicht übersehen: Ganz von der Person des Kaisers, damit auch von seinen Launen, seiner früh erkannten Charakterschwäche und seiner gelegentlichen Sprunghaftigkeit abhängig, damit aber auch anfällig gegenüber Intrigen, nicht abgesichert durch irgendeine «Hausmacht» im fremden Land – das konnte potentiell auch zu einem Himmelfahrtskommando werden.

Noch in Wilna wurde beschlossen, dass Stein sich zunächst bei den zahlreichen deutschen Hilfstruppen aus den Rheinbundstaaten, die in die *Grande Armée* integriert worden waren, subversiv betätigen solle – mittels Pamphleten, die sich gezielt an die deutschen Soldaten wandten, mittels Schriften auch, die zur Verteilung in deutschen Staaten bestimmt waren. Hierfür mussten publizistische Hilfstruppen eingeworben werden, von denen eine Person für Stein von Anfang an feststand: Ernst Moritz Arndt, der ihn mit dem 1. Band seines *Geist unserer Zeit* nachhaltig beeindruckt hatte, ein Buch, das er in Prag mit seinen Freunden geradezu verschlungen hatte und dessen Verfasser umgehend nun nach Russland eingeladen wurde, um an Steins Seite den publizistischen Feldzug zu beginnen. Hier begründete sich eine lebenslange Symbiose, die die Wirren der Zeit überstand und erst in Arndts Nachruf auf den Weggefährten in der *Augsburger Allgemeinen* ihr Ende fand – einem Text, in dem sowohl der Beginn der Stein-Stilisierung als auch der Stein-Geschichtsschreibung zu sehen ist. Kurz vor seinem Tod sollte Arndt mit seinem Alterswerk *Meine Wanderungen und Wandelungen mit dem Reichsfreiherrn Heinrich Karl Friedrich von Stein* (1858) dem Protagonisten noch ein spätes Denkmal setzen.

Stein erhielt auf eigenen Wunsch keine feste Bestallung, weil er der – wohl auch richtigen – Meinung war, damit nur Neid und Empfindlichkeiten innerhalb der politischen Eliten des Landes zu provozieren oder zu verstärken. Er agierte also ohne fixierte Besoldung und ohne einen förmlichen Rang in der russischen Hierarchie auf dem ihm zugewiesenen Aufgabenfeld, wobei man freilich davon ausgehen darf, dass das für Stein finanziell gesehen trotzdem kein Nullsummen- oder gar Zusatzgeschäft gewesen ist. Diese Unabhängigkeit erlaubte es ihm dann schlussendlich auch, dem Zaren – etwa in der Frage der Zukunft Polens – dezent oder sogar deutlich zu widersprechen. So konnte nur ein außerhalb der Hierarchie stehender Berater ohne besoldetes Amt auftreten.

Die von Stein vorgeschlagenen, sehr konkreten und praktikablen Maßnahmen zur Verunsicherung und Desintegration des napoleonischen Heeres – Pamphlete, die zum Teil, wie der *Aufruf an die Deutschen, sich unter der Fahne des Vaterlands und der Ehre zu sammeln,* unter Steins eigener Mitwirkung entstanden, die Organisation einer Art Guerillakriegs hinter der Front, vor allem um die französischen Kuriere abzufangen und damit die Kommunikationslinien zu zerstören, Versuche, in unter französischer Kontrolle stehenden Kommunen lokale Aufstände anzuzetteln, der Aufbau einer «Deutschen Legion», die sich aus desertierten deutschen Soldaten zusammensetzen sollte – diese Maßnahmen wurden zügig in Angriff genommen und erhielten in dem «Deutschen Komitee» auch eine institutionelle Verankerung, zu dessen Vorsitzenden interimistisch der Prinz Georg von Oldenburg bestimmt wurde. Jetzt konnte endlich wieder organisiert werden – Stein lebte auf wie die Natur im Frühjahr.

Im Frühsommer begleitete Stein den Zaren nach Moskau, das er kurz vor dem verheerenden Brand noch unversehrt erlebte, verbrachte dann den Herbst in St. Petersburg, wo er nach Ausweis der Beobachtungen Ernst Moritz Arndts besonders schöne und heitere Wochen erlebte: als Gast bei den Soireen des russischen Hochadels, wo er rasch zum Mittelpunkt einer vor allem weiblichen Fangemeinde wurde, wo er mit seiner Bildung, seiner Sprachvollkommenheit, seinem Esprit zu glänzen wusste, wo er andere Flüchtlinge wie etwa Madame de Staël traf und mit ihnen über die Zeit und die Zukunft philosophierte, wo der tägliche Umgang mit den vielen deutschen Prinzessinnen, die am Hof lebten, ihm sogar ein gewisses Gefühl von Heimat vermittelte. Er lernte in Petersburg fremde Welten kennen, kam zum ersten Mal mit Menschen in Kontakt, die über eigene China-Erfahrungen verfügten – kurzum, es waren die ungezwungensten, beglückendsten und heitersten Wochen, die er seit langem erlebt hatte.

Sie sind u. a. durch Steins eigene Briefe und die autobiographischen Schriften Ernst Moritz Arndts recht gut erhellt, was aber nicht für die Gesamtheit der Monate gilt, die er im Gefolge des Zaren in Russland verbrachte. Hier bestehen noch erhebliche Forschungslücken, die nur im Rückgriff auf die russischen Adels- und Staatsarchive auszufüllen wären – leider hat ja auch sein französischer Biograph Constantin de Grunwald, ein russischer Emigrant, sein Buch ohne Benutzung der russischen Quellen schreiben müssen. So wissen wir beispielsweise noch sehr wenig über die Empfindlichkeiten und Eifersüchteleien des russischen Hochadels gegenüber dem rheinischen Kleinadligen; wir können auch noch nicht präzise quantifizieren, in welchem Maß Stein direkt an den großen politischen Entscheidungen Alexanders beteiligt war – dass er wenigstens indirekt an allen teilhatte, steht freilich außer Frage. Für ihn war das eine neue Lebenserfahrung: die Weite des Raums dieses Imperiums zu erfahren, ein autokratisches Herrschaftssystem kennenzulernen, das in Steins Augen eines wesentlichen Moments, nämlich der Stände und der geregelten Partizipation des Adels, entbehrte, zu erleben, wie alles von der Gnade oder aber dem Gnadenentzug des Monarchen abhing. Bei aller verhaltenen Kritik musste sich Stein aber immer wieder eins eingestehen: Dieses von «modernen» Strukturen noch weit entfernte Reich war immerhin das erste und einzige gewesen, das die Kraft zum erfolgversprechenden militärischen Widerstand gegen Napoleon gefunden hatte. Und sich in dessen Dienst gestellt zu haben, das glich alles andere aus.

Der Feldzug war zu diesem Zeitpunkt, also im Herbst 1812, noch nicht entschieden, aber es zeichnete sich nach dem Rückzug Napoleons aus Moskau ab, dass an seinem Ende wenigstens kein grandioser militärischer Erfolg des Korsen stehen würde, wahrscheinlich im Gegenteil eine grandiose Niederlage. Die

Diskussionen, ob im Eventualfall der Zar den Krieg über die Grenzen des eigenen Imperiums hinaus fortsetzen sollte, hatten aber bereits begonnen, und dass am Ende die Entscheidung fiel, Napoleon nun so lange zu bekriegen, bis er gefallen war, war Stein mit zu verdanken – Alexanders in der europa- und weltgeschichtlichen Perspektive einzige wirklich große Tat. Stein hatte in den Sommer- und Herbstmonaten 1812 den Zaren mit Memoranden geradezu überhäuft, in denen er nicht nur seine Wünsche und Visionen für Deutschlands Zukunft entwickelt, sondern auch immer wieder das gemeinsame Interesse aller europäischen Staaten beschworen hatte, dem napoleonischen Spuk ein Ende zu bereiten. Damit stellte sich aber die eminent politische Frage, ob angesichts der veränderten militärischen Situation die anderen Kontinentalmächte – insbesondere Preußen und Österreich, aber auch Schweden – denn nun bewogen werden konnten, in den Krieg einzutreten, mit neuer Schärfe und dringender denn je.

Stein hatte die Verbindungen zu seinen früheren Weggefährten in Preußen nie abreißen lassen, und angesichts der erheblichen Zahl hochrangiger preußischer Offiziere, die in den zurückliegenden Jahren den preußischen Dienst quittiert und sich der russischen Armee angeschlossen hatten oder ohne Dienstbestallung in Russland die Entwicklung der Dinge abwarteten, war er über die Stimmung im preußischen Heer – und darüber hinaus in der Bevölkerung – gut unterrichtet. Insofern wird die Entscheidung des Grafen Yorck von Wartenburg, das unter seinem Befehl in die russischen Ostseeprovinzen abkommandierte, zur Flankendeckung des französischen Heeres eingesetzte 20 000-Mann-Armeekorps in einem überraschenden Coup für neutral zu erklären, ihn nicht völlig unvorbereitet getroffen haben. Die mit dem russischen Gegenüber am 3. Januar 1813 geschlossene Konvention von Tauroggen sollte dann für das kollektive Gedächtnis der Preußen eine ähnliche Bedeutung gewinnen wie die Steinschen Reformen ein knappes Jahrfünft zuvor: ein Akt militärischer Insubordination, der natürlich militärrechtliche Konsequenzen hatte, aber insgesamt den Kurswechsel der preußischen Politik ankündigte. Und als wenig später

auch die österreichische Seite ihr Hilfskorps von der französischen Armee abzog (und damit die Besetzung Polens durch
die Russen ermöglichte), schien im Januar/Februar 1813 alles
auf das von Stein erhoffte Dreierbündnis gegen Napoleon zu-
zulaufen. Aber die Politik benötigt manchmal mehr Zeit, als es
Wunschdenken vorsieht.

Mitten im Winter, Anfang Januar 1813, reiste Stein gemein-
sam mit Arndt auf eine entsprechende, freilich als Dokument
verschollene Einladung seines früheren Mitarbeiters Schön hin
nach Ostpreußen, um dort über die Erhebung der Provinz gegen
die Franzosenherrschaft zu verhandeln, konkret also die Aufstellung einer Bürgermiliz zu veranlassen – der erste Schritt des
allgemeinen Volkskriegs – und um die Interimsverwaltung der
in diesen Wochen von den russischen Truppen okkupierten Provinzen Ost- und Westpreußen zu organisieren und dafür zu sorgen, dass alle finanziellen und militärischen Mittel für den
Kampf gegen die Franzosen aktiviert wurden. Die Interimsverwaltung würde in dem Augenblick beendet, in dem der preußische König sich zum Austritt aus dem französischen Bündnis
und zur Koalition mit Russland entschließe, wozu ihn der Zar
schon eindringlich aufgefordert hatte. Stein ist bei dieser heiklen
Aufgabe, auf die er sich in Petersburg umfassend vorbereitet
hatte, sicher nicht mit einem Übermaß an Fingerspitzengefühl
und Sensibilität – auch und gerade gegenüber Personen, die ihm
von früher her wohlbekannt waren – aufgetreten, es gelang ihm
dennoch, unter Ausschluss jeglicher Beteiligung der Krone, den
Beschluss einer eher wohl formlosen Ständeversammlung zu er-
wirken, der die Aufstellung einer Landwehr und eines Landsturms vorsah, zweier militärischer Einrichtungen, die immerhin die Grenze von 30 000 Mann deutlich überschritten. Man
muss sich, auch um die späteren Reaktionen der Krone Preußen
Stein gegenüber im richtigen Licht zu sehen, vor Augen halten,
was hier vor sich ging: Nach Tauroggen, dem Akt militärischer
Gehorsamsverweigerung, wurde hier erneut die Souveränität
eines Staates partiell außer Kraft gesetzt, wurde zudem unter
Umgehung der Krone ein militärisches Element eingeführt, das
die preußische Heeresverfassung bisher nicht vorsah – auch

wenn in der Vergangenheit darüber intensiv diskutiert worden war. Stein, der als russischer Kommissar auftrat und auch so handelte, hat sich aber auch durch andere Maßnahmen, die er im Auftrag des Zaren durchzusetzen hatte – etwa die befristete Einführung russischen Papiergelds –, längst nicht nur Freunde gemacht und manches von dem Kredit und dem guten Namen, den er gerade in Ostpreußen genoss, verspielt – vor diesem Hintergrund war es, realistisch gesehen, undenkbar geworden, dass Stein jemals wieder in preußische Dienste würde eintreten können. Die Krone würde das zu verhindern wissen.

Aber die Dinge entwickelten sich politisch und militärisch dann doch längst nicht so rasch und problemlos, wie es Stein in der ersten Euphorie erhofft hatte: Die Aufstellung einer Deutschen Legion aus der *Grande Armée* geflüchteter Deutscher wurde zu einer unendlichen Geschichte, die weit davon entfernt blieb, als Erfolgsgeschichte apostrophiert werden zu können, und auch der Übertritt des preußischen Königs ins antinapoleonische Lager war ein zäher Prozess. Mit einem Mandat des Zaren ausgestattet, reiste Stein Mitte Februar 1813 nach Breslau, ins Feldlager des Hohenzollernkönigs, um die wegen preußischer Restitutionsforderungen ins Stocken geratenen Verhandlungen zu beschleunigen. Damit, dass Stein auf dieser Reise ernsthaft erkrankte, hatte niemand rechnen können, aber ob er vor dem Hintergrund der ostpreußischen Begebenheiten wirklich der richtige Vermittler war, hätte von Anfang an kritisch hinterfragt werden können. Das preußisch-russische Bündnis wurde in der Tat dann ohne Steins Mitwirken, der in Breslau auf dem Krankenlager lag, durch die Konvention von Kalisch Ende Februar 1813 besiegelt. Alle Welt gewann nun den Eindruck, dass in Preußen eine neue Aufbruchsstimmung um sich griff, für das exemplarisch die Stiftung des (von Schinkel entworfenen) Eisernen Kreuzes durch die Krone steht, das auch einfachen Soldaten verliehen werden konnte. Gut zwei Wochen nach Kalisch erklärte Preußen Frankreich förmlich den Krieg.

Für Stein begann nun die Phase eines neuen Planens: Ihn beschäftigten selbstverständlich auch die militärischen Entwicklungen, aber zuvörderst – Verwaltungsfachmann, der er nun

einmal war – die Frage, wie die militärisch zu erobernden Gebiete in eine funktionierende Verwaltung überführt werden
konnten. Das war in seinen Augen die Grundvoraussetzung
auch dafür, dass die entsprechenden finanziellen Ressourcen für
die Kriegführung zur Verfügung standen. Auf seinen Vorschlag
hin wurde im März 1813 ein Verwaltungsrat eingerichtet, der
zwar formal unter der Präsidentschaft eines russischen Gene-
rals, faktisch aber unter Steins Leitung stand. Dies – eine effi-
ziente Verwaltung aufzubauen, zu organisieren und zu koor-
dinieren – war eine Aufgabe, die Stein geradezu auf den Leib
geschneidert war. Umso mehr musste er es bedauern, dass die
beteiligten Monarchen wenig später die umfassenden Kompe-
tenzen dieser Behörde doch wieder einschränkten und in Zukunft mehr auf Vereinbarungen mit den betroffenen Staaten –
insbesondere die bisherigen Rheinbundstaaten – setzten und das
Konzept einer mit hoheitlichen Befugnissen begabten, also auch
rücksichtslos verfahrenden politischen Behörde wieder ver-
warfen. In Steins Augen war das entschieden ein Rückschritt,
der mutmaßlich auf preußische Bedenken zurückging.

Wie auch immer: Das war das Feld, das Stein für sich vorge-
sehen hatte, um seinen Beitrag zum – wie er jetzt hoffte – kontinentalen Kampf gegen Napoleon zu leisten; auch die Enttäuschungen der nächsten Wochen, die vor allem darin gründeten,
dass sich viele Fürsten einer Mitarbeit zu entziehen suchten,
dass den Rheinbundfürsten goldene Brücken in die antinapoleonische Allianz hinein gebaut und sie damit der Kompetenz des
Verwaltungsrats entzogen wurden, dass in Sachsen die Arbeit
der Verwaltungsbehörde offen torpediert wurde und in einen
signifikanten Misserfolg mündete und manche Mitarbeiter sich
nach kurzer Zeit wieder zurückzogen, änderten an dieser Fest-
stellung nichts. Freilich war die «Europäisierung» der antinapoleonischen Koalition eine langwierige Sache; nach verschiedenen
militärischen Erfolgen Napoleons von freilich nicht kriegsent-
scheidender Bedeutung in der Lausitz und in Sachsen schloss
sich die Wiener Hofburg erst Mitte August 1813 dem russisch-
preußischen Kriegsbündnis an, das dann zwei Monate später
bei Leipzig in der mehrtägigen «Völkerschlacht» den – rückbli-

ckend gesehen – Napoleons Kaisertum so nachhaltig schwä-
chenden Sieg errang, dass von ihm aus der Anfang vom Ende
datiert werden kann. Für Stein war dies ein Datum, das zum
zentralen Erinnerungsort werden sollte; bis an sein Lebensende
hat er jährlich im Kreis von Freunden diesen Tag in ganz besonderer Weise begangen, oft in seinem Nassauer «gotischen»
Turm. Seiner jüngsten, damals gerade erst 10-jährigen Tochter
Therese schenkte er zu Weihnachten 1813 – einen Plan der Völkerschlacht! «La Providence», so schrieb er unter dem Eindruck
des Schlachtfeldes, «est justifiée durch das große Gericht, das
sie über das Ungeheuer [Napoleon, H. D.] ergehen ließ».

Es war klar, dass nun – mit allen Partnern der neuen Allianz,
außer den drei Ostmächten auch Großbritannien und Schweden
– eine neue Verwaltungsbehörde würde eingesetzt werden müssen, die den alten, alles in allem wenig effizienten und wenig
glücklich agierenden Verwaltungsrat ablöste. Das neue *Dépar-
tement Central d'Administration temporaire* wurde zwar erneut
dem Freiherrn vom Stein unterstellt, aber faktisch wurde es wei-
sungsabhängig von einem fünfköpfigen Diplomatengremium,
in dem Stein keinen Sitz und keine Stimme hatte und das sich
die wichtige Aufgabe der Benennung der Interimsgouverneure
der rückeroberten Länder reservierte. Auch wenn man bei einer
Bewertung in Rechnung stellen muss, dass Verfassungsrecht
und Verfassungswirklichkeit rasch auseinanderklafften und das
genannte Diplomatengremium nur höchst selten zusammentrat,
hat man nüchtern zur Kenntnis zu nehmen, dass Steins Befugnisse im Vergleich mit der ersten Ordnung des alten Verwaltungsrats noch einmal empfindlich beschnitten worden waren.
Das gilt umso mehr, als nicht nur die Gebiete der Unterzeichner-
staaten, sondern auch die der gerade noch rechtzeitig «abge-
sprungenen» Rheinbundstaaten (Bayern, Württemberg, Baden,
Hessen-Darmstadt) von der Zuständigkeit der Zentralverwaltungskommission ausgenommen wurden. Trotzdem hatte sie in
den folgenden Monaten – bis sie dann nach der Einnahme von
Paris durch die Alliierten förmlich aufgelöst wurde – mehr als
genug zu tun, und in den Grenzen, die ihm gesteckt worden waren, hat Stein sicher sehr gute Arbeit geleistet: bei der Besetzung

und Besoldung der Beamtenstellen der einzelnen Gouverne-
mentsräte; bei der Organisation der Truppenverpflegung; bei
der Aufsicht über das Lazarettwesen usw. Es galt in den rückeroberten Territorien neue Verwaltungsstrukturen aufzubauen,
die alten zu modernisieren und personell zu «entschlacken»; es
galt, sich von Funktionsträgern, die als belastet oder uneinsich-
tig eingestuft werden mussten, zu trennen; Menschen zur Ko-
operation zu bewegen; Loyalitätskonflikte zu beseitigen – Funk-
tionseliten in ein neues System zu überführen, ist nach jedem
politischen Umbruch eins der schwierigsten Probleme überhaupt. Faktisch ist Stein entgegen den Vorstellungen der fünf
Mächte, wie sie im «Oktoberedikt» niedergelegt worden waren,
im Lauf der Zeit dann doch zu *der* Schlüsselfigur für den Gesamtbereich der zivilen und halbmilitärischen Organisation des
antinapoleonischen Kriegs und des Aufbaus ziviler Verwaltungsstrukturen in den «befreiten» Ländern geworden.

Aber Stein hatte anderes und mehr gewollt. Er hatte durch
Verwaltungsmaßnahmen und -strukturen die Physiognomie des
künftigen politischen Gebildes präjudizieren wollen, das ihn seit
dem Hochsommer 1813 verstärkt, in zahlreichen Denkschriften, beschäftigte. Wichtig in diesem Zusammenhang ist u. a.
eine auf Ende August datierte Verfassungsdenkschrift, die klar
zum Ausdruck bringt, dass alle Versuche, Stein zum direkten
Vorläufer des Bismarckschen Nationalstaats zu stilisieren,
höchst problematisch sind. Stein ging dort – Historiker, der er
von seiner Ausbildung her ja war – von einem idealisierten Bild
des Hochmittelalters, des 10. bis 13. Jahrhunderts, aus, der Zeit
eines einheitlichen und selbständigen Deutschland, das in seiner «Kraft, Tapferkeit, Treue und Frömmigkeit» sich von der
Jetztzeit mit ihrer «Genusssucht, Gewinnsucht, Lügenhaftig-
keit» grell und scharf abhebe. Da diese «schöne» Zeit aber nicht
wiederbelebt werden könne, müsse man mit Kompromissen leben, der faktischen Teilung Deutschlands in eine nördliche und
eine südliche Hemisphäre, die von den beiden deutschen Großmächten dominiert würden. Der Rheinbund sei aufzulösen, die
Despotie der «36 Häuptlinge» wäre zu beenden, ihre Territorien würden in den jeweiligen Großmächten aufgehen. Gegen-

gewicht gegen die beiden Großmächte, von denen Österreich aus historischen Gründen mit der verfassungsrechtlich zu verstärkenden Kaiserwürde auszustatten wäre, sollte ein Bund von Kleinstaaten sein, denen der Erhalt des Ganzen viel mehr am Herzen liege als den Despoten der Rheinbundstaaten. In diesem System – zwei Hauptmächte mit einem Kranz von Kleinstaaten – könnten ggf. sogar die Reichsritter wieder ihren Platz finden.

Doch das war keineswegs Steins letztes Wort zur Verfassungsfrage, und es ist auch nicht so gewesen, dass sich seine Perspektiven nie mehr verändert hätten. In den Monaten bis zum Ende des Wiener Kongresses entstanden zahlreiche Memoranden Steins zur staatlichen Struktur der Mitte Europas, teils im Auftrag des Zaren verfasst, teils in Zusammenarbeit mit Wilhelm von Humboldt konzipiert, teils auch von dritter Seite – etwa den Repräsentanten seiner eigenen Sozialgruppe – veranlasst. Konsistenz, um das Mindeste zu sagen, zeichnete sie nicht aus. Bei aller Prinzipientreue: Stein rang, wie viele seiner Zeitgenossen, lange mit sich selbst, wie die künftige Mitte des Kontinents zugeschnitten sein solle.

Während die Zentralverwaltungskommission ihren Hauptsitz, sobald das militärisch möglich war, in Frankfurt/Main aufschlug, wo Stein u. a. Arndt wiedertraf, der gerade eben sein für die Gegenwart und die Zukunft wichtiges Büchlein *Der Rhein, Teutschlands Strom, aber nicht Teutschlands Grenze* publizierte, folgte er seit den Wintermonaten 1813/14 den Feldlagern der verbündeten Monarchen, meist in der engeren Entourage Kaiser Alexanders, nach wie vor seine eigentliche «Bezugsperson». Seine Route führte ihn, der mit wachsender Konsternation die unterschiedlichen militärischen Optionen in Bezug auf die weitere Behandlung Frankreichs wahrnahm, über Freiburg in die Schweiz, wo er viele alte Freundinnen und Freunde wiedertraf und sich tief beeindruckt zeigte von den bürger- und volksnahen, partizipationsfreundlichen Verfassungsstrukturen des Landes. Nachdem sich die russische Haltung gegen heftigen Widerstand einiger Alliierter durchgesetzt hatte, den Krieg über die Grenzen nach Frankreich hineinzutragen und auf das politische Ziel der völligen Entmachtung Napoleons und die Restauration der Bourbonen hinzuarbeiten, führte der Weg weiter über Langres, Troyes, Chaumont und Dijon, wo Stein die Nachricht vom Fall von Paris erhielt. Er eilte auf eigene Faust in die französische Hauptstadt, um diese entscheidenden Tage und Wochen persönlich mitzuerleben: die förmliche Absetzung Napoleons durch den von ihm selbst eingesetzten Senat, den Ausschluss der napoleonischen Dynastie vom Thron, die Einladung an den Bruder des hingerichteten Bourbonenkönigs, Ludwig (XVIII.), wieder nach Frankreich zu kommen und den Thron zu übernehmen. Und dann nahm er auch an den symbolischen Akten teil: der interalliierten Siegesfeier auf der *Place de la Concorde*, also auf eben dem Platz, auf dem Ludwig XVI. hingerichtet worden war; dem Einzug des ihm aus seiner westfälischen Zeit wohlbekannten, jetzt aus dem britischen Exil zurückkehrenden Bourbonen in die Hauptstadt; der Entfernung der Namen *Iéna* und *Auerstedt* von den Seine-Brücken. In den zwei Monaten, die Stein in Paris verbrachte, in einer Stadt, der er jede Schönheit absprach – wobei man freilich wissen muss, dass Stein generell mit den großen Kapitalen seine Probleme hatte! –, gab er sich freilich nicht nur der Freude hin, dass das napoleonische System kollabiert war, sondern er unternahm, ganz außerhalb seines Dienstsektors, beispielsweise auch erste Bemühungen, die von Napoleon geraubten Kunstschätze nach Deutschland zurückzuführen.

Man kann die Emotionalität dessen, was Stein in Paris erlebte, wohl kaum überschätzen: Der Mann, der seine eigene staatliche Karriere vorzeitig beendet hatte, dessentwegen er harte Jahre des Exils hatte hinter sich bringen müssen, um dessen politisch-militärische Niederringung er Himmel und Hölle in Bewegung gesetzt hatte, den er in den letzten Jahren nur noch mit Ausdrücken bedacht hatte, von denen «Ungeheuer» noch zu den zahmeren zählte, den er, was seiner irenischen Natur an sich diametral widersprach, vom Grund seines Herzens gehasst hatte – diesen Mann an seinem politischen Ende zu sehen, muss er zu den Höhepunkten seines bisherigen Lebens gezählt haben. Stein muss es so empfunden haben: Seine Mission war erfüllt. Dieser Eindruck musste sich ihm umso mehr aufdrängen, als er an der Ausarbeitung des Pariser Friedens nicht mehr beteiligt wurde und als sich seine Beziehungen zu Alexander in der französischen Hauptstadt deutlich abzukühlen begannen.

7. Der Abschied von der großen Politik

Was die vereinigten Monarchen weder im Vorfeld des militärischen Sieges noch in Paris unter dem Eindruck eben dieses Sieges zustande gebracht hatten, war eine neue politische Ordnung für Mitteleuropa. Dieses Vorhaben musste freilich auch einer Quadratur des Kreises gleichkommen, weil es unendlich viele Interessen unter einen Hut zu bringen galt: die der restituierten Bourbonenmonarchie, die Frankreich nicht auf der Anklagebank sehen und sich nicht mit zu großen Kriegsentschädigungen und Kontrollmaßnahmen konfrontiert sehen wollte; die der deutschen Staaten nach Sicherheit; die verschiedener deutscher Fürsten, die großen Appetit auf das linke Rheinufer – und damit auf deutliche territoriale Arrondierung – entwickelten; nicht zuletzt die weit auseinander gehenden Vorstellungen in Berlin und Wien, in Dresden und München, in Karlsruhe und Hannover über die staatsrechtliche Konstruktion, die es jetzt zu «erfinden» galt. Die politische und staatsrechtliche Neuordnung der Mitte Europas sollte als Herausforderung hinter der des Krieges nicht zurückstehen.

Stein hatte sich, wie berichtet, schon seit 1812, wenn nicht schon seit 1807 über diesen neuen Zuschnitt Gedanken gemacht und in vielen Memoranden niedergelegt, die bei den Adressaten manchmal mehr, manchmal weniger Interesse fanden. Er war ja beileibe auch nicht der einzige aktive Politiker – von den vielen Publizisten und Journalisten einmal ganz zu schweigen –, den die politische Struktur des Gemeinwesens beschäftigte, das an die Stelle des untergegangenen Reiches treten musste. Denn dass das Reich keine einfache Neuauflage erleben konnte, war allen politischen Beobachtern und Auguren klar, auch wenn darüber

diskutiert werden konnte, ob die eine oder andere Reichsinsti-
tution – etwa ein Zentralgericht – revitalisiert werden könnte.

Dass es aber ein Gemeinwesen sein musste und nicht bloß ein
Sample unabhängiger, nach außen und innen souveräner Staaten, das lag ebenso auf der Hand. Stein hatte sich seit der oben
skizzierten August-Denkschrift von 1813 immer wieder mit der
Gewichtsverteilung und der Kohäsionskraft dieses zu erfin-
denden Gebildes beschäftigt, das er sich mit einem (habsburg-
lothringischen) Kaiser an der Spitze vorstellte und mit einer
Gruppe von Kleinstaaten, die als Gegengewicht zu den beiden
Großmächten ihm viel passender erschienen als die ehemaligen
Rheinbundstaaten, die er am liebsten in den beiden Großmächten hätte aufgehen sehen. Stein und die Kleinen – dies war eins
der zentralen Anliegen des Reichsfreiherrn, dafür zu sorgen,
dass sie nicht von der Entwicklung und der politischen Dyna-
mik überrollt würden. Er hatte sich in den Wochen im Spätherbst 1813, in denen er die Zentralverwaltungseinrichtung in
Frankfurt aufbaute, unter anderem mit dem zukünftigen Schicksal dieser alten Reichs-, Wahl- und Krönungsstadt beschäftigt,
mit der ihn eine emotionale Beziehung verband, hatten doch
seine Frau und seine Kinder hier die letzten Winter verbracht;
auch er selbst sollte dann nach dem Wiener Kongress für etliche
Jahre dort im Haus des Bankiers Mülhens eine Art Zweitwohn-
sitz unterhalten und auch die Trägergesellschaft der *Monumenta*
dort ansiedeln. In vielen Gesprächen mit den Repräsentanten
der Kommune und politischen Funktionsträgern aller Seiten
hatte er die Weichen dafür gestellt, dass Frankfurt in dem politischen Konstrukt, das erst noch erfunden werden musste, einen
selbständigen Status behalten würde – die Stadt sollte ihm das
später, ganz ähnlich wie Bremen, mit der Verleihung der Ehren-
bürgerwürde danken. Mit Sicherheit hat es in Frankfurt aber
auch schon die ersten Gespräche mit Repräsentanten der ehemaligen Reichsritterschaft gegeben, die am Ende eine eigene
Delegation zum Wiener Kongress entsandte und natürlich auf
Steins Unterstützung zählte.

Aber der Gegenwind war gewaltig, was ihm bei seinen langen
Reisen im Gefolge des Zaren und seinen vielen Gesprächen mit

den Funktionsträgern der Alliierten immer deutlicher geworden war. Von Metternich, der lange Zeit sogar – in Steins Augen: *horribile dictu* – mit dem Gedanken gespielt hatte, einen Ausgleich mit Napoleon zu suchen, trennten ihn nach wie vor Welten, und auf den preußischen König war seiner Unentschlossenheit, Untätigkeit, hypochondrischen Launen und seines Misstrauens gegen sich selbst wegen schlicht kein Verlass. Und dann die ehemaligen Rheinbundfürsten und ihr Gefolge, mit denen Stein an sich überhaupt keinen Kontakt unterhalten wollte, die aber bei der Gestaltung der Nachkriegsordnung doch nicht einfach links liegen gelassen werden konnten. Stein muss sich früh vereinsamt gefühlt haben, umso mehr, als er längst nicht mit allen Aspekten der politischen Vorstellungen des Zaren für den territorialen Zuschnitt Nachkriegseuropas – insbesondere im Hinblick auf Polen – einverstanden war!

Nach der Rückkehr aus Paris war Stein zwei ganze Tage – bei seiner Ankunft begeistert gefeiert von den Bewohnern des Städtchens – in Nassau geblieben und hatte sich, kaum dass der Reisestaub abgeschüttelt war, auf die Weiterreise nach Frankfurt begeben, um dort den Kongress über die Zukunft Deutschlands, an dem teilzunehmen er dem Zaren trotz erheblicher eigener Bedenken fest versprochen hatte, vorzubereiten. Der Hochsommer 1814 war mit intensiven Diskussionen über die verschiedenen Modelle eines zukünftigen deutschen Organismus ausgefüllt, über die politische Taktik, über die Frage, wie man für die eine oder andere Option politische Unterstützung gewinnen könne: Diskussionen mit dem Grafen Solms-Laubach, dem nachmaligen Oberpräsidenten der neuen preußischen Rheinprovinz, mit dem früheren kurmainzischen Diplomaten Albini, mit Ernst Moritz Arndt, aber auch mit aktuellen Funktionsträgern, etwa mit Hardenberg, vor allem aber mit Wilhelm von Humboldt. Es fällt auf, dass die großen Denkschriften, die Stein berühmt gemacht hatten, nun ausblieben, dass er vielmehr ganz pragmatisch und in Einzelgesprächen für das zu werben begann, worauf es ihm ankam: um die Beschränkung der Souveränität der ehemaligen Rheinbundfürsten, wenn es denn schon nicht gelang, sie völlig von der Bildfläche verschwinden zu lassen –

also jene 36 «Despoten», von deren «Sultanism» er nun immer häufiger zu sprechen pflegte. Wenn es ein Feindbild gab, das Stein in den Monaten vor Wien aufbaute, dann war es das der Rheinbundfürsten, denen er es nie nachsah, dass sie sich mit Napoleon verbündet hatten. Neben diesem Thema traten andere Anliegen, um die es Stein zentral ging, eher zurück, etwa die Verankerung landständischer Verfassungen und die Garantie bestimmter Grund- und Freiheitsrechte in einer künftigen Bundesakte – also einer Art «Verfassungsvertrag» –, wiewohl sie, also der Schutz des Einzelnen vor fürstlicher Willkür, in Steins Weltbild inzwischen ihren festen Platz hatten.

Dabei wurde es – Zweckpessimismus hin oder her – Stein wohl zunehmend auch klar, dass sein Einfluss auf dem bevorstehenden Kongress begrenzt sein würde. Als amtloser bloßer Berater des Zaren würde er vom innersten Kreis der Verhandlungsführer wohl ausgeschlossen bleiben (müssen), und überhaupt drohte in Wien etwas, was Stein bis aufs Blut zuwider war: das prinzipienlose Feilschen von Diplomaten um dieses oder jenes Entgegenkommen, das man irgendwo mit eigenem Entgegenkommen zu bezahlen hatte. Die Diplomatie, das Fintieren und Finassieren, war nie seine Sache gewesen – und es war ihm klar, dass die Geschmeidigsten der Geschmeidigen, die Metternich, die Hardenberg, die Talleyrand, ihm in dieser Hinsicht um Längen überlegen waren.

Anfang September 1814 reiste Stein nach Wien ab, nachdem er in den Hochsommermonaten Anlaufpunkt zahlreicher Memoranden und Verfassungsentwürfe geworden war und auch selbst kommentierend wiederholt Hand angelegt hatte, etwa für den zweiten Entwurf der Hardenbergschen 41 Punkte. Zwei Tage nach seiner Ankunft in der Donaumetropole legte er Kaiser Alexander, von dem er inzwischen den sicheren Eindruck hatte, dass er seine schützende Hand über die bisherigen Rheinbundfürsten, von denen einige ihm dynastisch nahestanden, halten werde, die erste große Denkschrift seit längerer Zeit vor, die, kaum erstaunlich, die deutsche Verfassungsfrage zum Gegenstand hatte und dringend davor warnte, Frankreich irgendeinen Einfluss auf die deutschen Angelegenheiten einzuräumen.

Aber die Dinge in Wien entwickelten sich eher in der Richtung, die Stein befürchtet hatte: Zu Plenarverhandlungen kam es überhaupt nicht, die schwierigen Themen wurden in Ausschüsse verlagert, von denen Stein, da ohne Staatsamt und weder bei den Preußen noch bei den Österreichern *persona gratissima*, keinen Zutritt erhielt und deren Akten ihm allenfalls unter der Hand zugespielt wurden – nur an den Verhandlungen des Statistischen Komitees und des Schweizer Komitees konnte er ganz offiziell mitarbeiten. Letzterem verdankte sich, beiläufig bemerkt, die engere Bekanntschaft mit dem späteren griechischen Staatspräsidenten Capodistrias, der in der Zeit nach dem Wiener Kongress ein wichtiger Gesprächspartner für Stein, längst nicht nur in der griechischen Frage, werden sollte. Ein Gutteil der Verhandlungen vollzog sich dagegen am Rande der Bälle, der Soireen, der Gesellschaften – und an ihnen nahm Stein allenfalls ganz sporadisch teil. Während der Kongress tanzte, verharrte Stein am Rande der Tanzfläche. Ein begnadeter Tänzer, um im Bild zu bleiben, war er ohnehin nie gewesen – und das ist im wortwörtlichen wie im übertragenen Sinn gemeint.

Zu allem Überfluss gestalteten sich auch seine Beziehungen zum Zaren zunehmend, aber nicht wirklich überraschend, problematischer. Das hatte etwas mit unterschiedlichen Positionen in der Sachsen-Polen-Frage zu tun, die sich immer mehr zum eigentlichen Stolperstein des Kongresses entwickelte – Wiederherstellung der Unabhängigkeit Polens oder erneute Teilung, und wenn, dann mit welcher Grenzziehung, territoriale Integrität, völlige Auflösung oder Teilung Sachsens? Auch in Bezug auf die Rheinbundstaaten war die Politik des Zaren alles andere als kongruent mit Steins politischen Vorstellungen. Die Beratungen des Deutschen Komitees liefen an ihm vorbei, seine wieder zahlreicher werdenden Denkschriften – auch die, an denen er mutmaßlich beteiligt war, wie die sog. Kaiserdenkschrift – verhallten mehr oder weniger ungehört, obwohl er in ihnen Fragen von erheblicher Relevanz ansprach, etwa die Einführung eines einheitlichen deutschen Zollsystems, die Erstellung eines Grundrechtekatalogs oder die Aufwertung des Landsturms zu einem förmlichen Verfassungsauftrag. Resignation machte sich breit: im frühen März 1815 dachte Stein seinem damals geführten Tagebuch zufolge ernsthaft an vorzeitige Abreise. Die Erwartungen, die viele Menschen in Deutschland in ihren Hoffnungsträger gesetzt hatten, konnten schlechterdings nicht erfüllt werden.

Dass es dann doch nicht zur vorzeitigen Abreise Steins kam, gründete in der aktuellen Entwicklung: in Napoleons Rückkehr von der Insel Elba, dem Wiederauftauchen dieses «Prinzips des Bösen», das seine Pläne ein weiteres Mal durcheinander brachte. Stein fühlte sich erneut in die Pflicht genommen, sorgte mit dafür, dass der Ex-Kaiser förmlich in Acht und Bann getan wurde, und blieb auf Bitten des Zaren nun doch noch, weil unter dem Druck dieses Ereignisses mit einem raschen Abschluss der Verhandlungen über die deutsche Frage gerechnet wurde. Aber gestaltenden Einfluss konnte Stein auch in dieser Endphase der Verhandlungen nicht mehr gewinnen.

Das, was am Ende herauskam, war für Stein auf der ganzen Linie eine Enttäuschung. Noch in letzter Minute hatte er gegen die ganz unbestimmte Formulierung des Landständeartikels der Bundesverfassung (Art. 10) protestiert, und auch später hat er an einer ganzen Reihe von Verfassungseinrichtungen, etwa dem Bundestag, massiv Kritik geübt. Auch wenn der Wiener Kongress den Reichsritter von der Lahn noch einmal im Auge des Orkans gesehen hatte und er bei Kaisern, Königen, Premierministern, Staatskanzlern und wie die Titel sonst lauten mochten, ein und aus gegangen war: politisch war er, der Hoffnungsträger vieler, über die Rolle einer Randfigur nicht mehr hinausgekommen. Das ganze Konstrukt des Deutschen Bundes war von seinen Vorstellungen meilenweit entfernt geblieben: Die Kaiserwürde war nicht wiederhergestellt worden; von der Einrichtung eines Zentralgerichts hatte man Abstand genommen; die ehemaligen Rheinbundstaaten hatten sich in einer Position halten können, die Stein immer aufs Neue erregte; die außenpolitische Souveränität der Einzelstaaten des Bundes war viel zu wenig beschnitten worden; die individuellen Grundrechte waren bei weitem nicht angemessen garantiert worden; der von Stein betriebene Übergang ganz Sachsens an Preußen war von den europäischen Mächten verhindert worden; die Reichsritterschaft hatte nicht wiederhergestellt werden können. Am schlimmsten bei all diesem Scheitern auf den verschiedenen Ebenen war vielleicht, dass Stein in den Wiener Monaten zunehmend in den Geruch des Altfränkischen und des Rückwärtsgewandten geraten war. Aber möglicherweise machte gerade das in den Augen der Mitlebenden auch wieder das Faszinosum Stein aus: Dass der Reformer von 1807/08, der sich damals ganz an der Spitze des Fortschritts befunden hatte, in Bezug auf die Ausgestaltung des Deutschen Bundes ungeachtet seiner Affinität zu den Menschen- und Freiheitsrechten ausgesprochen konservativ war.

Noch bevor die Bundesakte unterschrieben wurde, reiste Stein – übrigens hoch dekoriert nun auch von österreichischer Seite – aus Wien ab: müde, resigniert, frustriert. Nichts enthüllt das deutlicher als ein letztes, Ende Juli 1815 in Frankfurt konzipiertes Memorandum für das russische Kabinett, in dem sein ganzer Unmut auf den Punkt gebracht wurde: Die Bundesakte sei schlicht eine Enttäuschung all der Hoffnungen, die die kaiserliche Erklärung vom 11. November 1814 geweckt habe, die die Errichtung eines politischen Systems projiziert hatte, das die innere Ruhe garantiere, das eine «direction concentrée» vorsehe und das durch «des institutions fortes, sages et libérales» die Rechte aller Klassen der Bevölkerung schütze. Vielmehr sei eine fehlerhafte («fautive») Verfassung herausgekommen, die sich nur ganz schwach auf das Gemeinwohl in Deutschland auswirken werde. Es sei inständig zu hoffen, dass die «maximes despotiques», die einige Regierungen auf ihre Fahnen geschrieben hätten, von der Presse und dem Vorbild einiger weniger Staaten bald angeprangert und konterkariert würden.

Dieses Enttäuschung mit einer deutlichen Kritik am russischen Verhalten verbindende Memorandum markierte, wenn man so will, den Abschied Steins aus der «großen» Politik. Zwar hat er im Hochsommer noch einmal kurzzeitig über ein Angebot Hardenbergs nachgedacht, den preußischen Gesandtschaftsposten beim Frankfurter Bundestag zu übernehmen. Aber ungeachtet der Tatsache, dass sich das Projekt am Ende an einer unerfüllbaren Forderung Steins – sich jederzeit von seinem Posten entfernen zu dürfen – zerschlug: Man kann sich kaum vorstellen, dass Stein gewissermaßen als Befehlsempfänger des preußischen Staatskanzlers agiert hätte, zumal in einer Einrichtung, der er überaus kritisch gegenüberstand. Auch das Angebot, österreichischer Direktorialgesandter zu werden, hat Stein abgelehnt – Metternich als «Dienstvorgesetzter» Steins: eine noch absurdere Vorstellung! Wenn man sich seine massive Kritik am Frankfurter Bundestag in den nächsten Jahren anschaut, ist man geneigt zu sagen: es waren richtige Entscheidungen, Stein wäre auf irgendeinem Posten dort mit Gewissheit nicht glücklich geworden.

Stein also als ein in letzter Instanz – bei seinem Kardinalanliegen, der politischen Neugestaltung der Mitte Europas – Gescheiterter? Man kann es nur so sehen: alle seine großen Gedanken – die ehemaligen Rheinbundstaaten drastisch zu beschneiden, wenn nicht ganz von der Landkarte verschwinden zu lassen, der Bund der Mindermächtigen, die Erhaltung der Kaiserwürde, ein deutliches Mehr an Grund- und Freiheitsrechten in der Bundesakte, die zwingende Verpflichtung auf Einrichtung landständischer Verfassungen und anderes mehr – waren nicht verwirklicht worden wegen des Widerstands von Personen und Gruppen, die *cleverer* gewesen waren. Welchen Einfluss dieses Scheitern eines bis dahin erfolgreichen Politikers auf die Entwicklung seines Bildes in der öffentlichen Meinung seiner Zeit und in der Geschichtsschreibung hatte, bleibt zu untersuchen – dass in Deutschland eine besondere Affinität zu jenen Akteuren besteht, die nicht rundum erfolgreich waren, sondern wenigstens partiell scheiterten, scheint eine Komponente des so überaus und nachhaltig positiven Stein-Bildes zu sein.

Dass Stein in den folgenden Jahren immer wieder einmal mit der großen Politik in Kontakt kam – so als Zar Alexander ihn zu sich nach Aachen bat, um ihm bei dem dortigen Kongress (1818) als Ratgeber zur Seite zu stehen und wo er zugleich zur Kenntnis zu nehmen hatte, wie schnell Preußens Stern wieder gesunken war, so als ihn König Friedrich Wilhelm III., freilich

schon fast brüskierend spät, in den neugeschaffenen preußischen Staatsrat berief –, kann nicht darüber hinwegtäuschen:
er kam über die Rolle einer Randfigur im Spiel der Großen nicht
mehr hinaus. Das war ihm bereits im Spätsommer 1815 über-
deutlich geworden, als er nach seiner legendären Rheinreise mit
Goethe nach Köln, die für das Entstehen der Rheinromantik so
wesentlich war, einer Bitte des Zaren gefolgt und noch einmal
nach Paris gereist war, um ihm bei den Beratungen zur Seite zu
stehen, die dann zum 2. Pariser Frieden und letztlich zur Heili-
gen Allianz führten. Dieser Paris-Aufenthalt hatte ihm bestätigt,
dass er Einfluss auf den Verlauf der großen Politik nicht mehr
wirklich ausüben konnte. Deswegen war es dann auch realistisch, dass Stein, oft, aber keineswegs nur verbittert über den
Gang der inneren Staatenpolitik und die Politik des Bundestags, seine politischen Aktivitäten mehr und mehr auf eine regionale Ebene verlagerte. Nachdem er mit seinem «Landesherrn»,
dem stets verachteten Herzog von Nassau, einem ehemaligen
Rheinbundfürsten, der ihn trotz seiner heftigen Attacken im
Zusammenhang mit der Mediatisierung seines Besitzes in den
nassauischen Landtag ziehen wollte, über der Frage eines Un-
tertaneneides endgültig gebrochen hatte und er förmlich um die
preußische «Staatsbürgerschaft» eingekommen war, wurde
Westfalen zu seinem neuen Aktionsfeld – hier schloss sich ein
Kreis, und Stein war glücklich darüber. Da zum größten Be-
fremden Steins der preußische König sein Verfassungsverspre-
chen von 1815 nicht eingelöst hatte – und offenbar auch nicht
daran dachte, das zu tun – und somit auch die in Aussicht ge-
stellte preußische Gesamtrepräsentation, also ein für die Monarchie insgesamt zuständiger «Reichstag», auf der Strecke blieb,
konnte der nach der Entlassung Humboldts als Verfassungs-
minister (Ende 1819) voll in die Reaktion zurückgefallene Berliner Hof 1823/24 immerhin bewogen werden, der Einrichtung
von Provinzparlamenten zuzustimmen, deren Einrichtung Stein
seit einer Denkschrift vom März 1817 ebenfalls immer wieder
eingefordert hatte. Sie sollten zwar nur beratenden Charakter
haben und keine Verlautbarungen herausgeben dürfen, die die
Gesamtmonarchie betrafen, aber Männer, die sich einen gewis-

sen Optimismus bewahrt hatten, mochten darin immerhin einen Anfang sehen. Diese Erwartung hatten Stein und ein Kreis von Adligen, die sich um ihn geschart hatten, den preußischen Funktionsträgern – dem Kronprinzen, Hardenberg, Humboldt, Altenstein – auch immer wieder nahezubringen gesucht. Es geht sicher nicht zu weit, wenn man feststellt, dass die Ständefrage für Stein in dem Jahrzehnt nach dem Wiener Kongress zu einem politischen Leitmotiv wurde.

Stein, inzwischen in Cappenberg begütert und von daher «geborenes», mit einer «Virilstimme» ausgestattetes Mitglied des 1. Standes dieser Einrichtung, musste nicht sonderlich gedrängt werden, die Präsidentschaft – im Sprachgebrauch der Zeit: das Amt des Landtagsmarschalls – der für 1826 vorgesehenen ersten Sitzungsperiode dieses Westfälischen Provinziallandtags zu übernehmen. Dass der Monarch seiner Präsidentschaft zustimmte, war immerhin ein Indiz dafür, dass es in seiner familiären und politischen Entourage noch Menschen gab, die Steins Verdienste nicht vergessen hatten. Am Ende sollte Stein dann die ersten drei – jeweils mehrwöchigen, im Spätherbst in Münster stattfindenden – Sitzungsperioden präsidieren: längst nicht nur als Sitzungsleiter, sondern von sich aus Impulse gebend, Beschlussvorlagen ausarbeitend, sich um die Publizität der Landtagsberatungen bemühend, auch auf Kosten eines ernsten Konflikts mit seinem «Schüler» August Ludwig Vincke, der inzwischen Oberpräsident der Provinz geworden war. Die königliche Proposition hatte verschiedene Gegenstände von unterschiedlicher Wertigkeit vorgegeben, darunter die Frage der Übernahme der preußischen Städteordnung für die Provinz Westfalen, die schon seit geraumer Zeit einem Reform- und Anpassungsprozess unterworfen war. Aber das einkammrige Gremium löste sich rasch von diesen Vorgaben. Es ging im Wesentlichen um regionale Infrastrukturmaßnahmen, also um all die Dinge, die nach Steins politischer Philosophie dort entschieden werden sollten, wo man – also der landtagsfähige Adel, die Rittergutsbesitzer, die städtischen und die ländlichen Grundbesitzer – den besten Einblick in die Gegebenheiten hatte: um Straßenbau, um das Problem einer Landgemeindeordnung, um die

Erstellung eines verlässlichen Katasters, um die Zusammenlegung der Feuersozietäten, um handels- und finanzpolitische
Maßnahmen usw. Getrübt wurde die Gesamtbilanz der drei
Landtage in Steins Augen massiv dadurch, dass die Vorschläge
des Westfälischen Provinziallandtags in Berlin nur wenig Beach-
tung fanden und eher ausnahmsweise einmal mit dem königlichen *Placet* versehen wurden. Dafür, dass die Öffentlichkeit
vom Lauf der Verhandlungen umfassend informiert wurde,
sorgte Stein allerdings höchstpersönlich.

Stein stand in Münster in den späten 1820er und beginnenden
1830er Jahren zwar nicht mehr im Licht der nationalen Öffentlichkeit, aber er versuchte – da die Rahmenbedingungen in
Preußen anderes noch nicht erlaubten – Reformen dort regional-
spezifisch weiterzuführen, wo das möglich war. Das war ein
mühsames Geschäft und kam einem Bohren sehr dicker Bretter
gleich, aber Stein wäre nicht Stein gewesen, wenn er sich nicht
auch hier mit seinen Ideen und seiner Erfahrung eingebracht
hätte. Manchen Beobachtern mag der Weg vom Wiener Kongress zum Münsterschen Schloss als ein Abstieg erschienen sein
– für Stein war es ein logischer Vorgang, gerade dort für die
Gemeinschaft tätig zu werden, wo Handlungsbedarf bestand.
Insofern konnte er sich auch nie mit dem Ansatz der Berliner
Regierung befreunden, die den Provinzialständen lediglich be-
ratende Befugnisse und ein Petitions- und Beschwerderecht zu-
gestehen wollte. Dennoch waren schon nach Abschluss des
1. Provinziallandtags und einem (letzten) Besuch in Berlin, wo
er die Behörden zu einem Umdenken in der Ständefrage bewegen wollte, Ermüdungs- und Resignationssymptome bei ihm unübersehbar – das war, alles in allem, noch nicht und nicht mehr
die Politik, die er für geboten hielt.

8. Der Akteur im Hintergrund

Freilich wäre – all dem zum Trotz, was über Steins «Abschied von der großen Politik» gesagt wurde – nichts verfehlter als die Annahme, der verdiente preußische Reformer, der auf ein für die Zeit atemberaubend großes Itinerar von Moskau bis England und von St. Petersburg bis – vorläufig – in die Schweiz zurückblicken konnte, habe sich nun auf seine Güter zurückgezogen und habe nur noch privatisiert. Stein behielt, allen Animositäten gegen den nassauischen Herzog zum Trotz, die im Zusammenhang mit der Mediatisierung des Steinschen Besitzes 1803/04 massiv wieder aufgebrochen waren und bis in Häberlins *Staatsarchiv* Wellen schlugen, sein Stammgut in Nassau mit den landwirtschaftlich genutzten Flächen natürlich bei – nicht nur der Familientradition wegen, sondern auch wegen der Nähe Nassaus zum Modebad der damaligen Zeit, Ems. In Ems versammelte sich jeden Sommer ein Gutteil der politischen Elite des Kontinents, und das reichte von Mitgliedern regierender Fürstenhäuser bis zu den vielen russischen Adligen, die hier eine westliche Zivilisation genossen, die ihrem eigenen Imperium noch einigermaßen fremd war. Stein hatte auf seinen Reisen Tausende von interessanten Persönlichkeiten kennengelernt, und kaum eine ließ sich beim Kuren in Ems die Chance entgehen, Stein ihre Aufwartung zu machen. Das Steinsche Schloss wurde erneut das, was es in den 1770er Jahren gewesen war: ein Magnet für Politiker, Diplomaten und Intellektuelle, die den Austausch – jetzt mit dem Hausherrn – suchten. Ob man an Goethe denkt, der von hier aus mit Stein seine legendäre Rheinreise nach Köln unternahm, ob an den Herzog Karl August von Weimar, an die Großfürstin Maria Pawlowna, an den preußischen Prinzen Wilhelm und seine Frau, an die Gebrüder Schlegel, an Wilhelm von Humboldt, an Niebuhr, an den Verleger Perthes, an den russischen und

nachmaligen griechischen Staatsmann Capodistrias, an Erzbischof Spiegel oder den Trierer Bischof Hommer – die Liste
ließe sich fast bis ins Unendliche fortsetzen. Das Nassauer
Schloss Steins wurde für die Elite Europas zu einer Attraktion,
die in der Anziehungskraft des Hausherrn gründete. Hier, aber
eben auch nur hier war dieses ständige Kommen und Gehen
von (hochrangigen) Gästen gewährleistet, über das Stein oft
klagte, das er dann aber auch wieder genoss – wem hätte es
nicht geschmeichelt, dass regelmäßige Wallfahrten von Elite-
angehörigen aus ganz Europa nach Nassau stattfanden und den
Greis mit vielen Informationen versorgten und von seinem Rat
zu profitieren hofften?

Um seine vielen Gäste zu empfangen, zu bewirten und mit
ihnen zu diskutieren, beließ Stein es nicht bei den Maßnahmen,
die er unmittelbar nach Übernahme des Fideikommisses
1791/92 getroffen hatte, nämlich einer klassizistischen Umge-
staltung der Schlossgebäude. Des Bauens war trotz der schwierigen Zeiten fast kein Ende. Manche der Besucher wurden dadurch ausgezeichnet, dass sie den «gotischen» Turm besuchen
durften, den Stein durch einen Koblenzer Architekten in den
Jahren nach 1815 hatte errichten lassen: ein mehrstöckiger Bau
mit einem außen und innen ausgeklügelten Bildprogramm, das
an die Zeit des Befreiungskriegs – nicht etwa an das Reform-
ministeriat – erinnern sollte, eine Art private Memoria Steins
mit Büsten der beteiligten Monarchen und Feldherren, mit Erin-
nerungsstücken, aber auch mit Bildern, die etwas von Steins
tiefer Religiosität ahnen lassen. Dazu zählten nicht nur Bildnisse
der Reformatoren und der fürstlichen Förderer der Reforma-
tion, sondern auch vor dem Untergang gerettete mittelalterliche
Kirchenfenster. Der «gotische» Turm wurde für Stein zu *dem*
Gedächtnisort schlechthin, in dem er alljährlich, wie bereits erwähnt, mit seinen allerbesten Freunden in Form einer Gedenk-
und Erinnerungsrunde den Jahrestag der Leipziger Völkerschlacht beging, in dem aber etwa auch die konzeptionellen
Vorüberlegungen stattfanden und dann das säkulare Unternehmen der *Monumenta Germaniae Historica* aus der Taufe geho-
ben wurde. Innen und außen war dieser Turm eine private Wei-

hestätte, einem *musée sentimental* gleich, das deutlich wider-
spiegelte, was Stein als wirklich wichtig in seinem Leben ansah:
Religion, der Befreiungskrieg, Preußens Wiederauferstehung.
Die emotionale Bindung an Cappenberg, die sich in den letzten
Jahren des zweiten Jahrzehnts des 19. Jahrhunderts deutlich
verstärkte, bedeutete eben nicht, dass er seinen Stammsitz hätte
verfallen lassen – ganz im Gegenteil.

Auch nach Cappenberg, seinem schlossähnlichen westfälischen Besitz, der seit 1818 allmählich zum ersten Wohnsitz
wurde, kamen Besucher, aber alles in allem doch nicht in der
Dichte wie nach Nassau – dazu lag Cappenberg dann doch zu
peripher und weitab von den großen Durchgangsrouten. Aber
wer diese kleine Strapaze einer etwas langwierigeren Anfahrt
auf sich nahm, wurde – meistens im Herbst und im Winter – mit
all dem belohnt, was Örtlichkeit und Region zu bieten hatten:
einer herrlichen Anlage mit einer erheblichen kulturellen Bedeutung an der Stufe zum «Ruhrgebiet» mit einer ebenso herrlichen
Fernsicht, einem liebevoll angelegten Park mit auch exotischen
Bäumen, einem durch und durch ländlichen Ambiente, unter
anderem auch mit Treibjagden. Und wenn Gäste von auswärts
kamen, dann hatten sie wohl häufiger das Vergnügen, mit anderen Adligen der Region zusammenzutreffen, mit denen Stein
einen intensiven Austausch pflegte.

Gäste aus nah und fern, eine geradezu legendäre Korrespondenz, deren Partner über ganz Europa verstreut wohnten, Zei-
tungen und Zeitschriften, die fest abonniert waren – es unterliegt keinem Zweifel, dass Stein auch nach seinem Ausscheiden
aus der großen Politik zu den bestinformierten Männern auf
dem Kontinent zählte. Und sein Interesse war dann auch entsprechend universal: Natürlich beschäftigte ihn die Entwicklung
im Deutschen Bund, die Bemühungen in etlichen Staaten, sich
Verfassungen zu geben, die von ihm in den schärfsten Worten
kritisierten Karlsbader Beschlüsse und deren Umsetzung, von
denen u. a. ja auch sein langjähriger Adlatus Ernst Moritz Arndt
betroffen war, der aus seinem Bonner Professorenamt entfernt
wurde. Sein neues Feindbild wurde der Bürokratismus von Beamten, die sich geist- und phantasielos mit den Verrichtungen

begnügten, die ihnen höheren Orts aufgegeben worden waren, die Angehörigen der «geistlosen Regierungsmaschinen», die «unbekannt, unbemerkt, ungerühmt» vor sich hinarbeiteten und ihre Kinder nachzögen. Die französischen «Institutionen», die die Besatzungsmacht implementiert hatte, betrachtete er mit unverhohlener Sorge, ebenso, dass die südwestdeutschen Liberalen gerade an dieser revolutionären Errungenschaft festzuhalten gedachten. Natürlich beobachtete er die Entwicklung in Frankreich mit steter Sorge, dass vor der Folie einer erneut schwächlichen Dynastie dort abermals eine Revolution ausbrechen und ganz Europa überschwemmen würde – die 1830er Revolution hat die Traumata wieder erweckt, auch wenn Stein nach einiger Zeit den Eindruck gewann, dass sich die Geschichte doch nicht wiederholen werde. Natürlich beobachtete er die russische Polen-Politik nach Alexanders I. vorzeitigem Tod mit großer Sorge und hielt mit Kritik an der russischen Reaktion auf den polnischen Novemberaufstand nicht zurück. Und natürlich hatte er England, das große Ideal seiner Jugend, mit seinem parlamentarischen System und seinem – wie er glaubte – vorbildlichen System der Lokal- und Regionalverwaltung, ständig im Blick.

Aber sein Gesichtskreis hatte sich doch schon seit dem Petersburger Herbst 1812 deutlich über die Grenzen Europas hinaus ausgeweitet: mit China war er seinerzeit in indirekten Kontakt gekommen, in den 1820er Jahren traten ein neu erwachtes Interesse an Lateinamerika, das sich gerade politisch zu emanzipieren suchte, und vor allem den Vereinigten Staaten von Amerika hinzu, deren politische Kultur ihn ansprach, in denen er viel von den Menschen- und Bürgerrechten, um die man in Europa heftig miteinander rang, längst verwirklicht sah. Es gibt Briefe, die eine förmliche Sehnsucht nach diesem «gelobten Land» zu spiegeln scheinen, und sogar Gedanken, auszuwandern und dort ein völlig neues Leben zu beginnen – eine kaum bekannte Facette dieser so ganz und gar «deutsch» scheinenden Persönlichkeit. Er hat nicht nur Bücher über diese neuen Welten rezipiert, sondern immer wieder den Kontakt zu Reisenden gesucht, die nach dort auf dem Weg waren oder von dort zurückkehrten. Stein, der Deutsche *par excellence*, globalisierte sich, lange ehe der Begriff erfunden wurde.

Seine Bibliothek, um einen kurzen Blick auf diesen Teil seiner «Privatheit» zu werfen, der aber zugleich integraler Bestandteil seines politischen Wirkens war, dürfte zu den reichhaltigsten und reichsten Privatbibliotheken seiner Zeit gehört haben. Das hing mit seinen weit gespannten Interessen zusammen, die von den Staats- und Rechtswissenschaften bis zur Geschichte, von der Volkswirtschaftslehre bis zur Montanistik, von der Philosophie und Theologie bis zur Belletristik reichten, aber auch damit, dass Stein seit seinen Göttinger Studententagen mehr oder weniger konsequent Bücher gesammelt hatte, am Ende dann mit einem geradezu europäischen Lieferantennetzwerk. Die auf die beiden Standorte Nassau und Cappenberg verteilte Bibliothek ist in den späten 1920er Jahren von dem verdienstvollen, aber seiner politischen Verstrickungen wegen dann auch nicht unproblematischen Erich Botzenhart einmal untersucht worden, aber hier harrt der Forschung noch ein weites Feld, etwa im Blick auf Steins Randglossen in den wiederholt gelesenen Werken, beispielsweise Burkes *Reflections on the French Revolution*. Auffällig ist, dass die reiche Belletristik der damaligen Zeit keineswegs einen Schwerpunkt bildet – am ehesten noch Schiller, dessen Büste Stein dann auch in seinem «gotischen» Turm aufstellte – und dass die (von Stein eher ungeliebte) Philosophie entsprechend schwach vertreten ist, während die Geschichte und die Volkswirtschaftslehre prozentual gesehen den größten Teil der Bestände ausmachen. Seine naturwissenschaftlichen und montanistischen Werke hat er einem westfälischen Freund geschenkt, dem Freiherrn Hövel, dessen einschlägige Bestände einem Brand zum Opfer gefallen waren, so dass hier keine abschließenden Bewertungen vorgenommen werden können. In seiner Sammlung nationalökonomischer Werke war alles Zeitgenössische vertreten, was Rang und Namen hatte – sein Handexemplar von Adam Smith's *Wealth of nations* spiegelt wider, wie oft er es in verschiedenen Phasen seines Lebens immer wieder zur Hand genommen hat. Was darüber hinaus festgehalten werden kann, ist, dass Stein vor allem zur «Zeitgeschichte» seit Ausbruch der Revolution alles erworben hat, was auf den Büchermarkt kam, und auch zur älteren deutschen Geschichte – diese Teile verblieben im «gotischen» Turm – hat der geistige Vater der *Monumenta* wohl alles gesammelt, was seine Zeit hervorbrachte: die ersten lokalen und regionalen Urkundenbücher ebenso, um nur drei Corpora zu nennen, wie eine große Gruppe städte- und verfassungsgeschichtlicher Untersuchungen und die großen Gesamtdarstellungen, von Michael Ignaz Schmidt etwa, von Eichhorn, von Friedrich Raumer. Aber seine Interessen reichten weit über die deutsche und die französische Geschichte hinaus; von seinen außereuropäischen Interessen war schon die Rede, aber es könnte auch erwähnt werden, dass Heerens *Geschichte des europäischen Staatensystems* zu seinen bevorzugten Werken zählte. Und wenn man dann noch hinzunimmt, dass Stein seit seinen Göttinger Tagen bestimmte Periodika hielt und noch in seinen letzten Lebensjahren beispielsweise die *Monthly Review* und die *Edinburgh Review* bezog, dann kann man sich ausmalen, wie sehr Stein bis zu seinem Lebensende auf der Höhe der Zeit war. Lektüre und staatspolitisches Handeln waren für ihn lebenslang immer zwei Seiten ein und derselben Medaille.

Ein Thema, das ihn über mehrere Jahre beschäftigte und festhielt, war der Emanzipationskampf der Griechen. Stein hatte in seiner «russischen Phase» eine freundschaftliche Verbindung zu dem Grafen Capodistrias, dem zeitweiligen russischen Außenminister aufgebaut, der ihn nach dem Ausbrechen des Aufstands gegen die Osmanen nicht nur mit Informationen versorgte und zu erklecklichen Spenden zugunsten eines Unterstützungsvereins animierte, sondern der ihn auch noch einmal zum politischen Handeln veranlasste. Von Cappenberg aus unternahm Stein seit dem Mai 1827 sehr ernsthafte Bemühungen, ein deutsches Hilfskorps unter dem Befehl des preußischen Generalmajors Adolf von Lützow auf die Beine zu stellen, zu finanzieren und zur Unterstützung der griechischen Freiheitskämpfer auf den südlichen Balkan zu entsenden. Das Vorhaben scheiterte zwar ebenso wie das, einen Sohn Scharnhorsts zum Aufbau des griechischen Militärwesens zu vermitteln, aber es lässt

etwas davon ahnen, dass und wie Stein nach wie vor hinter den
Kulissen wirkte. In diesem Zusammenhang ist auch eine sehr
ernsthafte Korrespondenz erwähnenswert, die er mit dem Herzog von Sachsen-Coburg-Gotha begann, um ihn davon zu überzeugen, sein Interesse an der Übernahme des griechischen
Throns zu verlautbaren. Auch dazu kam es nicht, weil der Co-
burger noch andere Optionen für sich ausmachte und eher den
belgischen Thron als attraktiv erkannt hatte; dennoch ist eindringlich davor zu warnen, Aktivitäten dieser Art in dem Korb
«Phantasieprojekte» abzulegen. Stein hatte nach wie vor politischen Einfluss, ließ als eine Art «graue Eminenz» seine Sicht der
Dinge auch seine Gesprächs- und Korrespondenzpartner wissen, womit sie wenigstens indirekt auch begrenzt öffentlichkeitswirksam wurde.

9. Der private Stein

In den weitaus meisten Biographien tritt die private Seite des
homo politicus kaum hervor; Gerhard Ritter etwa gab seiner
zweibändigen Studie den Untertitel *Eine politische Biographie*,
um zum Ausdruck zu bringen, dass diese Seite einer aufregenden
Vita kaum von Interesse sein könne. Dementsprechend spärlich
sind auch die Hinweise.

Aber der «Feuergeist», von dem Arndt in seinem Nachruf
sprechen sollte, die «Feuerseele», die Pertz in seiner Biographie
beschwor, der Mann, der mit Kaisern und Königen auf Augenhöhe verkehrte, der mit dafür verantwortlich war, dass Preußen
– mühsam – das Tor zur Moderne aufstieß, der eine Schlüsselfigur im Kampf Europas gegen Napoleon war – dieser Mann
hatte natürlich auch ein Privatleben. Dazu zählte zunächst einmal seine Familie. Von der eher *contre cœur* vollzogenen Eheschließung mit Wilhelmine von Wallmoden-Gimborn war oben
kurz die Rede, einer Ehe, die wohl in erster Linie dem Institut
des Familienfideikommisses geschuldet war, also vielleicht – mit

aller Zurückhaltung – eher der Kategorie «Vernunftehe» zugeordnet werden muss. Ihre Anfänge im verschlafenen Wetter und
im von den Franzosen bedrohten Kleve mögen nicht leicht gewesen sein, aber man arrangierte sich – für eine junge Frau, die
mit einem deutlich älteren Mann verheiratet war, der sozusagen
ständig zwischen seinen verschiedenen Dienstposten hin und her
pendelte, sicher ein mühsamer Prozess. Aus der Ehe gingen zwei
Mädchen hervor, Henriette und Therese, beide reich begabt. Die
ältere war äußerlich wohl weniger beeindruckend als ihre jüngere Schwester, die schon als junges Mädchen von vielen jungen
Männern umschwärmt wurde und als eine der attraktivsten Par-
tien im ganzen Mittelrheingebiet (und darüber hinaus) galt. Am
Ende eines langen, den Vater gelegentlich enervierenden Pro-
zesses der Sichtung der potentiellen Ehekandidaten hat sie sich
für einen weitläufigen Verwandten entschieden, einen Grafen
Kielmannsegg. Henriette, unscheinbarer, ist vom Vater eine Zeitlang für eine Stelle in einem Damenstift in Homburg/Efze vorge-
sehen worden, in dem Steins älteste Schwester Marianne eine
führende Rolle spielte. Am Ende erwiesen sich diese Gedanken-
spiele aber als überflüssig, weil Henriette eine sehr ansehnliche
Partie machte und einen Grafen Giech, der im Oberfränkischen
seinen Stammsitz hatte, ehelichte. Stein, der am liebsten preußische Adlige an der Seite seiner Töchter gesehen hätte, war über
Henriettes «Denationalisierung» und «Bojarisierung» zunächst
zwar nicht gerade glücklich, hat sich aber auch mit dieser Verbindung dann rasch akkommodiert.

Die Verehelichung der beiden Töchter war Steins alleinige Sache. Wilhelmine, die Mutter, war im August 1819 nach kurzer
schwerer Krankheit in Nassau verstorben – Stein, von seinen
beiden Töchtern in Cappenberg alarmiert, traf wenige Stunden
vor ihrem Tod in Nassau ein und war in der Todesstunde bei ihr.
Sie hat neben seinen Eltern in Frücht ihre letzte Ruhe gefunden.
Ob Stein von schlechtem Gewissen ganz frei war, entzieht sich
der Kenntnis des Historikers – der Nachruf, den er als Privat-
druck publizierte, könnte immerhin in dieser und jener Wendung in dieser Richtung interpretiert werden. Es war in der Tat
ja auch keine «normale» Ehe gewesen: Über weite Strecken mit

der Erziehung der beiden Töchter allein gelassen, denen sich
Stein nur während des Prager Exils einmal nachhaltig annahm
(und dabei den beiden Mädchen sehr viel zumutete!), hatte Wilhelmine ihren Mann zwar 1804 nach Berlin begleitet, aber ihn
seit dem Beginn des Reformministeriats nur noch höchst sporadisch gesehen – sieht man von der Prager Zeit einmal ab – und
ihn selbstredend nicht nach Petersburg begleitet, hatte während
des Befreiungskriegs nicht an seiner Seite weilen können, war
auch nicht mit nach Wien gereist. Das waren lange Wegstrecken
ohne ein normales Familienleben gewesen. Mit der Entscheidung, seinen Lebensmittelpunkt von Nassau nach Cappenberg
zu verlagern, scheint Wilhelmine – ein Großstadtkind, das sich
nicht zufällig in Prag und dann in Frankfurt besonders wohl gefühlt zu haben scheint – wenig einverstanden gewesen zu sein;
wenn der Eindruck nicht täuscht, ist sie bis zu ihrem frühen Tod
nie für längere Zeit dort gewesen, was sich freilich zum Teil
auch damit erklärt, dass in dem ehemaligen Stiftsgebäude noch
umfangreiche Umbau- und Renovierungsarbeiten durchgeführt
werden mussten. Kurzum: die Ehe dauerte zwar 26 Jahre, aber
es soll hier nicht der Versuch gemacht werden nachzurechnen,
wie lange Stein tatsächlich von seiner Frau getrennt war.

Kurz nach dem Tod Wilhelmines hat der Vater mit den beiden
verstörten – im Fall Henriettes auch: erkrankten – Töchtern
eine Reise angetreten, die ihn fast ein Jahr lang von Deutschland und allen Staatsgeschäften wegführen sollte. Man wollte
einen Spezialisten in Genf, einen Modearzt der damaligen Zeit,
konsultieren – aber das war wohl nur der äußere Vorwand.
Vielmehr wollten alle wohl Abstand gewinnen von dem, was sie
als tiefe Zäsur in ihrem Leben empfanden. Die Schweiz war seit
Jahrzehnten eine der touristischen Attraktionen der Zeit; ihre
imposante Bergwelt, ihre von den Kriegen verschont geblie-
benen pittoresken Städte und Dörfer, der Lebensstil ihrer Bewohner – Stein hätte hinzugefügt: auch die Tradition ihrer republi-
kanischen Freiheit – zogen die Besucher in Massen an. Die
Schweiz hatte ihn seit seinem Aufenthalt im Frühjahr 1814 nicht
mehr losgelassen, und überaus bezeichnend ist sein Ausruf in
einem düsteren, von Lebensmüdigkeit geprägten Brief an seine

Schwester Marianne vom Mai 1816: «Habe ich Geld, so wünschte ich Ende Juli nach der Schweiz zu gehen.» Hier war mehr als bloßer Tourismus, hier war Sehnsucht nach einem freien Gemeinwesen im Spiel! Stein hatte im Lauf der zurückliegenden Jahre viele gute Bekannte und Freunde in der Schweiz gewonnen, die die drei deutschen Besucher nicht nur gastlich aufnahmen, sondern sich auch als sachkundige Fremdenführer zur Verfügung stellten – die jungen Leute fühlten sich rundum wohl, Stein gewann Ruhe wie schon seit Jahren nicht mehr. Dann tauchte der Gedanke auf, wenn man denn schon mitten in den Alpen sei, doch nach Italien weiterzureisen – Stein war einverstanden. Es soll zwar nicht verschwiegen werden, dass er bei dieser Reise immer einen Gedanken im Hinterkopf hatte – Material für sein gerade beginnendes Vorhaben einer Sammlung der Quellen zur deutschen Geschichte seit der «Vorzeit» zu ermitteln oder gar zu erheben –, aber die Reise hatte für ihn zuallerletzt den Charakter einer Dienstreise. Man reiste nach Rom, wo Stein u. a. Niebuhr wiedertraf und dem bayerischen Kronprinzen wieder begegnete, wo Stein und seine Töchter sich von Nazarenern malen ließen und wo man die Museen besuchte; man machte dann einen Abstecher nach Neapel und reiste schließlich über Venedig und München nach Nassau zurück. Niemand, der Stein kannte, hätte es für möglich gehalten, dass dieser *homo politicus* und *Workaholic* sich für fast ein Jahr aus seiner Welt verabschiedete.

Der Ehemann, der Vater – der Chef des Hauses vom und zum Stein. Nachdem der Vater 1788 – wie Stein bemerkte: glücklicherweise ein Jahr vor Ausbruch der Revolution, die ihm somit erspart geblieben sei – verstorben war, wurde er Chef des Hauses: und das hieß vor allem, den Besitz wahren und mit den Geschwistern im guten Einvernehmen leben. Nicht alle machten ihm das leicht. Das Erwachsenenalter der aus der Ehe Karl Philipps vom Stein und seiner Frau Henriette Karoline hervorgegangenen zehn Kinder hatten immerhin drei Brüder und drei Schwestern Karls erreicht: Die älteste Schwester Johanna Luise hatte zu den umschwärmtesten jungen Frauen der ganzen Region gehört, nicht zufällig hatte auch Hardenberg ihr eine Zeit-

lang den Hof gemacht, bevor sie 1773 den kursächsischen Geheimrat Graf Werthern heiratete. Die Ehe wurde freilich nicht
glücklich, was nicht nur Goethe bewog, ihr im *Wilhelm Meister*
eine Art Denkmal zu setzen, sondern auch eine ganze Reihe von
Männern veranlasste, auf ihre Chance zu hoffen, darunter sogar Karl August von Weimar. Noch viel problematischer war
Steins jüngerer Bruder Ludwig Gottfried, das schwarze Schaf
der Familie, der zunächst im französischen und dann im ba-
dischen Militärdienst sein Glück versuchte, desertierte, Schulden über Schulden häufte und dann völlig untertauchte, um erst
1814 von Bremen aus mit Karl wieder Kontakt aufzunehmen,
inzwischen hochgradig alkoholabhängig und fast erblindet.
Stein setzte ihm unter der Hand eine jährliche Pension aus und
sorgte auch für geistlichen Beistand. Offiziell galt er in der Familie als verschollen.

Den weitaus engsten Kontakt hatte Stein zeitlebens zu der
vier Jahre älteren Marianne, die, leicht verwachsen, zunächst
im Elternhaus geblieben war und schon dort allen Besuchern
des Steinschen Schlosses ihrer geistigen Frische und Regsamkeit
wegen besonders angenehm auffiel. Anfang der 1780er Jahre
erhielt sie dann eine Stiftsstelle im adligen Damenstift Wallenstein im hessischen Homberg/Efze, das sie durch turbulente
Zeiten zu dirigieren half. Vom Temperament und von der Weite
des Blicks her war Marianne am ehesten mit Karl zu verglei-
chen, mit dem sie dann auch über die Jahrzehnte hinweg die in-
tensivste und intimste Korrespondenz führte. Nachdem sie
mehrmals in Notzeiten vom Bruder mit der Güterverwaltung
beauftragt worden war, sollte sie ihn nur um wenige Monate
überleben.

Was den Familienbesitz betraf, der nicht üppig war und sich
im unteren Lahntal, im Rheingau und im Moselgebiet zentrierte,
so war die einschneidende Zäsur der Reichsdeputationshauptschluss – oder besser: schon die Monate davor –, als der nassauische Herzog sich seine Verwaltung aneignete und faktisch
seinem Staatsgebiet einverleibte. Die linksrheinischen Besitzungen mussten schon seit 1793/95, seit das gesamte linke
Rheinufer an die Französische Republik gefallen war, als verlo-

ren gelten. Zwar flossen vorerst noch die Erträge aus den Gütern der Steinschen Rentkammer zu, aber das änderte sich dann mit dem napoleonischen Achtmandat, als ausdrücklich über sämtliche Steinschen Besitzungen ein Sequester verhängt wurde. Das betraf inzwischen nicht nur die Besitzungen am Mittelrhein und an der Lahn, sondern auch eine Herrschaft in der Provinz Posen, die Stein 1802 erworben hatte. Birnbaum wurde allerdings kriegsbedingt nie zu einem wirklichen Gewinnfaktor und blieb in der Besitzgeschichte derer vom und zum Stein letztlich eine Episode; im Zusammenhang mit dem Erwerb der Herrschaft Cappenberg sollte sich Stein – leichten Herzens, wie anzunehmen ist – von ihr dann wieder trennen.

Die Entscheidung, Cappenberg zu erwerben und zu seinem Alterssitz auszubauen, hat Stein in späteren Jahren mit der besonderen Affinität zu den Menschen dieser Region und zur preußischen Monarchie begründet. Und in der Tat, was wenigen gelingt: Stein war in den gut 20 Jahren, die er vor seiner Berufung in das Berliner Generaldepartement in Westfalen und am Niederrhein verbracht hatte, zu einem veritablen Westfalen geworden. Die Geradheit und der Stolz der Bewohner dieser Geschichtslandschaft haben ihn, gerade und aufrecht wie er selbst war, beeindruckt – und er wurde auch von ihnen, den Standesgenossen und den Menschen seiner verschiedenen Lebenskreise, als einer der Ihren akzeptiert. Bei aller Übereinstimmung in Habitus und Lebenssicht sollte man freilich nicht übersehen, dass zwar für Westfalen sehr vieles sprach, aber 1815 auch noch eine andere Option im Spiel war, die möglicherweise seinen Lebensmittelpunkt am Rhein belassen hätte: der (am Ende gescheiterte) Erwerb von Johannisberg im Rheingau, für den ihm Hardenberg zeitweise wohl alle Hoffnungen gemacht hatte.

Stein hat in den Ausbau und die Renovierung Cappenbergs unendlich viel Mühe und finanzielle Mittel investiert und aus den alten Stiftsgebäuden, aber vor allem auch dem Park ein wahres Kleinod gemacht, in den er seine gesamte Affinität zur Natur hineinlegte, die ihm wohl seine Mutter vermittelt hatte. Auch in die Arrondierung dieses Besitzes um die Domäne

Scheda bei Fröndenberg hat er beträchtliche Mittel fließen lassen. In einem Brief an eine Verwandte geriet er über die Schönheit der Natur um Cappenberg geradezu ins Schwärmen: «Sie würden sich freuen über die herrliche Vegetation unserer Eichen und Buchen, über den ernsten Charakter der stark und schön bewaldeten Gegend auf der einen Seite der Umgebungen und den weiten, freien Blick in eine große, schöne, von den Gebirgen des Sauerlandes begrenzte Ebene auf der entgegengesetzten, die man aus dem an dem Abhang einer Anhöhe kühn aufgebauten Kloster überblickt.» Das war ganz Stein: die Erhabenheit und der «Charakter» sogar der Natur, also genau das, was er auch von Menschen erwartete! Der Park, in dem auch Wild gehalten wurde, war Steins ganz besonderer Stolz, er hatte zu ihm eine geradezu emotionale Beziehung und hat keine Kosten und Mühen gescheut, um – über Freunde, über andere renommierte Gartenanlagen (Wörlitz) – an seltene Gewächse heranzukommen (mit denen er sich auch hin und wieder wissenschaftlich-publizistisch beschäftigte). Seine Güterverwaltung galt und gilt als mustergültig; seine Instruktionen für die beiden Cappenberger Rentmeister Geisberg und Poock lassen den erfahrenen Verwaltungsmann erkennen, der sich übrigens mit den landwirtschaftlichen Erzeugnissen, die von den Gutsbauern produziert wurden, durchaus marktgerecht zu verhalten wusste. Einiges von dieser Seite seines Alltagslebens verdankt sich einer gleich nach seinem Tod erschienenen Publikation Poocks. Den Höhepunkt der Verschönerung des «Schlosses» sollten zwei monumentale Historiengemälde darstellen, um die Stein seit den ausgehenden 1820er Jahren mit verschiedenen auswärtigen Künstlern verhandelte, deren Entwürfe er begutachtete (und korrigierte!), deren Fertigstellung er am Ende dann aber doch nicht mehr erleben sollte. Auf einem von ihnen, der Barbarossaschlacht, hat der Künstler Stein selbst verewigt, indem er den Kölner Erzbischof Rainald von Dassel mit der Physiognomie Steins ausstattete.

Steins enge Affinität zu Cappenberg steht stellvertretend für eine ausgeprägte Bindung an die Natur, die über das dem ausgehenden 18. Jahrhundert wohlvertraute Lob des Landlebens hinausging und seiner Herkunft aus einem bäuerlich-ländlichen Umfeld entsprach. Damit korrespondierte auf der anderen Seite eine wachsende Distanz zu den großen Städten, den europäischen Kapitalen. In seiner Ministerzeit hatte Stein Berlin nie «lieben» gelernt, seine abschätzige Bemerkung über Paris könnte dem an die Seite gestellt werden – über London fehlen leider alle einschlägigen Aussagen. Auch für die Probleme der vor dem Hintergrund der demographischen Beschleunigung und der Frühindustrialisierung rapide wachsenden Großstädte brachte der Vater der Städteordnung nie ein wirkliches Verständnis auf. Bezeichnend ist seine Reaktion auf eine Information über das Berlin der mittleren 1820er Jahre: Er habe, so führte er aus, Dinge über Berlin erfahren, «die mich mit Entsetzen erfüllten. Diese Pflanzschule der tiefsten Lasterhaftigkeit, der Bestialität, die Wülkenitzischen Gebäude, und dass Berlin keine Schulhäuser für Elementarschulen habe, dass die Kinder in engen schmutzigen Räumen, die dem Lehrer und seiner Familie zu Wohn- und Schlafzimmern dienen, sich versammeln. Dies duldet man auf keinem Dorf.»

Den Menschen in seinem Cappenberger Umfeld – seinen Dienern, aber auch Bekannten wie etwa dem Dorfpoeten Cirkel – hat Stein all jene Unterstützung zukommen lassen, die ihm möglich war – und das hieß dann auch schon einmal: Empfehlungsbriefe, einen Zuschuss zum Lehrgeld, Beratung von Eltern bei der Berufswahl eines Sohnes usw. Stein strebte als ein veritabler *pater familias* mit den Menschen, die ihm zugeordnet waren, eine Symbiose an, eine Lebensgemeinschaft, die in fast altgermanischer Weise auf Rechten und Pflichten und sehr viel *good will* beruhte. Zur Hochzeit seiner ältesten Tochter beispielsweise lud er – man weiß, welche eminent wichtige soziale Funktion das gemeinsame Mahl hatte – 80 Personen aus seiner unmittelbaren Umgebung in eine Cappenberger Gastwirtschaft zu einem üppigen Gelage ein. Der Reichsfreiherr hatte – sicher auch nach dem Vorbild seiner in werktätiger Liebe und karitativer Verantwortung aufgehenden Mutter – eine ausgeprägte soziale Ader, was sich indessen nicht nur im konkreten Einzelfall in seinem Umfeld zeigte, sondern auch in allen möglichen

Engagements im karitativen Bereich. So hat er sich beispielsweise in der Westfälischen Gefängnisgesellschaft, die sich der
Resozialisierung straffällig Gewordener annahm, betätigt oder
seine protestantischen Gesprächspartner von der Vorbildlich-
keit der katholischen karitativen Einrichtungen zu überzeugen
versucht. Schon in den 1790er Jahren hatte er sich als Oberkammerpräsident nachhaltig um die Errichtung eines Land-
armenhauses bemüht, also das Problem der Nichtsesshaften
deutlich erkannt. Dass dem auch seine Mitgliedschaft in den regionalen Gremien – also den Kreistagen von Lüdinghausen und
von Hamm – entsprach, verstand sich für einen Mann wie Stein
fast von selbst.

Stein war, das zeigen viele Berichte Dritter und seine Briefe,
ein frommer Christ, der es nicht nur mit der Lektüre der Heili-
gen Schrift und – in der Cappenberger Zeit – dem wenigstens
vierzehntäglichen Gottesdienstbesuch in der Lünener Georgs-
kirche ernst nahm, sondern der auch den Dekalog wie kaum
ein Zweiter verinnerlicht hatte. Stein maß sein Leben an ihm –
ein außerehelicher «Seitensprung» in den vielen Monaten und
Jahren, in denen er von seiner Frau getrennt war, war seinem
Denken so fremd und ungeheuerlich wie nur irgendetwas. Mit
Menschen, die sich leichthin – um bei diesem Beispiel zu bleiben
– über das sechste Gebot (lutherischer Zählung) hinwegsetzten,
kam er nie klar; das sprechendste Exempel ist Hardenberg, den
er ob seiner Unfähigkeit, eheliche Treue zu bewahren, abgrund-
tief verachtete. Schüler einer Mutter, die in der tätigen Frömmigkeit aufgegangen war, hat er auch seinen eigenen Kindern
die Werte der christlichen Ethik und Lebensführung mit beson-
derem Nachdruck vermittelt und ihnen die Lektüre der Werke
Lavaters, Gellerts, Fénelons und der Viten des Franz von Sales
und der Hlg. Therese vorgegeben. Entscheidend für ihn war,
wie er seiner Frau einmal schrieb, dass das «religiöse Gefühl» in
den Kindern geweckt werde – mit dem bloßen Wissen sei es
nicht getan. Dass er in seinen Cappenberger Jahren Synodaler
seiner Kirche war, dass er in seiner Zeit als «Säkularisationsbeauftragter» in Münster dafür sorgte, dass dort erstmals seit
dem 16. Jahrhundert wieder ein protestantischer Gottesdienst

in einer eigenen Kirche – der ehemaligen Minoritenkirche – stattfinden konnte, liegt ganz auf dieser Linie.

Das war freilich alles andere als ein eifernder, unökumenischer Protestantismus, den Stein für sich praktizierte. Wenigstens einmal in seinem Leben – in den turbulenten Wochen vor dem Befreiungskrieg – gab es Gerüchte, er werde demnächst zum Katholizismus konvertieren, und so unbegründet alle solche Mutmaßungen auch waren: ein kämpferischer Protestant war Stein gewiss nicht. Das lässt schon seine vieljährige Freundschaft mit Bischof bzw. Erzbischof Spiegel ahnen, der gewissermaßen ständiger Gast auf Cappenberg war und mit Stein natürlich auch über die großen theologischen und kirchenpolitischen Streitfragen der Zeit debattierte, besonders eindringlich das Themenfeld einer Verbesserung des Einvernehmens zwischen den christlichen Konfessionen. Es lässt sich aber auch daran illustrieren, dass Stein dafür sorgte, dass in Cappenberg wieder eine katholische Pfarre eingerichtet wurde, oder daran, wie voll des Lobes er sich über den Hlg. Karl Borromäus äußerte. In gewisser Weise lebte Stein Ökumene vor.

Steins Verhältnis zur Freimaurerei gehört zu den noch weitgehend unerforschten Kapiteln seiner Biographie. Schon in seiner Göttinger Studentenzeit hatte ihn sein Mentor Salzmann bewegen wollen, sich einer dortigen Loge anzuschließen. Der Student hatte sich dazu nicht bereitfinden können, wiewohl ihm manche Ansätze der Maurerei nicht unsympathisch gewesen sein können. Einige Jahre später, während seiner Praktikantenzeit in Wetzlar, trat er der dortigen Loge «Joseph zu den drei Helmen» bei, in der auch einige der Assessoren des Reichskammergerichts eine Rolle spielten. Ob er damit zu einem wirklich aktiven Mitglied der Maurerei wurde, ist eher fraglich; die Wetzlarer Register der Grade verzeichnen seinen Namen denn auch nur bis 1784, als klar war, dass Stein nie wieder nach Wetzlar zurückkehren würde. 1813 rückten die freimaurerischen Logen einmal in den Fokus seiner antifranzösischen Aktivitäten, weil er glaubte, in ihnen integrale Teile des französischen Spionagesystems zu erkennen. Andererseits verweisen Kenner darauf, dass im Schmuck des «gotischen» Turms in Nassau bestimmte Mo-

tive auftauchen, die im maurerischen Sinn gedeutet werden
könnten, und es gibt auch zu denken, dass im Rahmen der
Gedenkveranstaltungen des Jahres 1931 eine Freimaurerloge
«Freiherr vom Stein» in Cappenberg öffentlichkeitswirksam
tagte. Das Thema muss auf der Agenda der Forschung bleiben.

Konnte ein Mann wie der Freiherr, der nahezu ständig unter-
wegs war, Freunde haben und Freundschaften pflegen? Ja, Stein
war freundschaftsfähig, wobei man damalige Freundschaften
mit heutigen nicht gleichsetzen darf – auch mit den allerbesten
Freunden blieb es lebenslang beim «Sie», wie man ohnehin
Umgangsformen der heutigen Zeit nicht mit den damaligen in
Parallele setzen darf: Auch seine Frau, mit der er generell nur
auf Französisch korrespondierte, hat er zeitlebens nie mit dem
vertrauten «tu», sondern immer mit «vous» angesprochen. Sein
allerengster Freund über die Jahre und Jahrzehnte hinweg war
sicher der nur wenig ältere, wie Stein der Heinitzschen «Kaderschmiede» entstammende Graf Friedrich Wilhelm von Reden,
schon in der westfälischen Zeit ein sehr geschätzter Briefpartner
und Ratgeber, später dann Ministerkollege in Berlin, von wo er
sich, aus ähnlichen Gründen wie Stein, dann auf seine Güter im
schlesischen Riesengebirge zurückzog und dort privatisierte.
Stein, oft impulsiv, wie er nun einmal war, schätzte an Reden
wohl vor allem seine bedächtige, besonnene Art, an die Probleme heranzugehen. Stein hat ihn häufig in seinem wunder-
schönen, heute wieder zugänglichen Schloss Buchwald besucht
und dort, im Schatten der Schneekoppe, die Faszination des rie-
sengroßen englischen Gartens auf sich wirken lassen, den Reden
angelegt hatte. Auch zu Redens Frau Johanne Juliane Friede-
rike, die einer hessischen Adelsfamilie entstammte, hat Stein ein
ähnliches Vertrauensverhältnis entwickelt und sie nach Redens
frühem Tod noch wiederholt in Schlesien in ihrem «Haus des
Friedens» (Schloss Buchwald) besucht.

In unmittelbarer Nähe der Redenschen Güter lagen die Besitzungen anderer Freunde, die Gneisenaus, der ihn gut kannte
und tief in sein Wesen zu blicken imstande war, die Wilhelms
von Humboldt und seiner Caroline, die wenigstens zum weiteren Freundeskreis gerechnet werden müssen, das Gut Ruhberg

des Ehepaars Radziwill. Eine Fahrt nach Schlesien ins Hirsch-
berger Tal war deshalb regelmäßig eine Abfolge von Höhepunkten. Stein sprach 1828 in einem Brief einmal von dem Tal als
einem «Wohnsitz des Friedens», das eine solche Gruppe von
Menschen vereine, «die seltene Vollkommenheit des Geistes
und Herzens besitzen». Ebenfalls Berlin verdankte sich die
freundschaftsähnliche Beziehung zu dem Geheimrat Kunth, des
Erziehers der Brüder Humboldt und Mitarbeiters im Fabriken-
departement, der ihn während seines böhmischen Exils regelmäßig mit Informationen aus Berlin versorgt hatte, der seine
zurückgelassenen Bücher und Kunstschätze verwahrte, der
1811 aus der preußischen Administration – sicher aus Unzufrie-
denheit mit Hardenbergs Politik – ausgeschieden war und den
er bei seinem Tod 1829 als einen «langjährigen, bewährten
Freund im edelsten Sinn des Wortes» charakterisierte. Bezeichnend für die Tiefe gerade dieser Freundschaft ist, dass Stein aus
eigenen Mitteln der Witwe eine Leibrente aussetzte und sich für
Kunths Sohn, der in Bonn studierte, nachhaltig verwendet hat.
Ernst Moritz Arndt müsste hier genannt werden, sein langjähriger Adlatus und ein besonders geschätzter politischer Denker,
für eine bestimmte Lebensphase auch August Wilhelm Rehberg,
mit dem es dann aber zum Bruch kam, und Franz von Reden,
sein Begleiter auf der Kavalierstour. Von den fürstlichen Freunden wäre wohl an erster Stelle, trotz mancher Irritationen zwischen ihnen, der Herzog Karl August von Weimar zu nennen,
der zu einem der maßgeblichen politischen Gesprächspartner
wurde.

Aus seiner westfälischen Zeit hatte die Beziehung zu dem
kurzzeitigen Münsteraner Bischof und nachmaligen Kölner Erzbischof Ferdinand August von Spiegel sicher die größte Tiefen-
dimension, aber es kamen dann auch Standesgenossen hinzu,
deren Gesellschaft Stein über alles schätzte: Hövel, Gesprächspartner über alle Fragen, die mit der Landwirtschaft, aber auch
mit der politischen Entwicklung in Nord- und Südamerika zu-
sammenhingen, wäre hier zu nennen, nach dessen frühem Tod
Stein der Witwe einen seiner warmherzigsten Briefe überhaupt
geschrieben hat; dann sein Fast-Nachbar Graf Nesselrode, der

frühere Innenminister des Großherzogtums Berg, also eines Na-
poleonidenstaates, den er nach dessen Schlaganfall immer wieder in Herten aufsuchte und mit betreute; Graf Merveldt
schließlich, mit dessen auf Schloss Westerwinkel lebender Familie ein besonders inniger Austausch stattfand. Und dann wäre
auch Ludwig Vincke nicht zu vergessen, im eigentlichen Sinn
eine Art «Schüler» Steins, sein Nachfolger 1804, als er nach
Berlin ging, später immer wieder ein Gesprächspartner, wenn es
um *Westphalica* oder um die Frage einer Erhebung gegen Napoleon ging, ein Mann, der dann Oberpräsident der Provinz Westfalen wurde und in dieser Funktion mit dem Landtagsmarschall
Stein freilich auch die eine oder andere Auseinandersetzung
hatte. Aber der Freundschaft hat das offenbar keinen wirklichen
Abbruch getan.

Von seinen weiblichen Freundinnen ist in erster Linie wohl an
die Fürstin Luise Radziwill zu denken, die Schwester des so
hoffnungsvollen und vor der Zeit verstorbenen Prinzen Louis
Ferdinand und Gemahlin des Fürsten Anton von Radziwill, also
eines Mitglieds der renommiertesten und reichsten litauischen
Hochadelsfamilie, mit der er während seiner beiden Ministe-
riate offenbar ständigen Umgang pflegte und die er dann, durch
die Umstände und ihren Wohnortwechsel nach Posen bedingt,
erst in den späten 1820er Jahren zur allseitigen Freude wieder-
sehen sollte. Man müsste Karoline von Berg nennen, die Gattin
des Berliner Kammerherrn Karl Ludwig von Berg-Schönfeld,
die zu den allerengsten Freundinnen von Königin Luise zählte –
und insofern auch eine «Schiene» war, um Steins Ideen und Vorschläge in die unmittelbare Entourage des Monarchen hineinzutragen –, eine Frau, die mit den literarischen Größen ihrer Zeit
in engem Austausch stand und lange Zeit zu den intimsten Ge-
sprächspartnerinnen Steins zählte. Und man würde an der aus
dem Haus Hessen-Darmstadt stammenden Prinzessin Marianne
nicht vorbeikommen, deren Beziehungen zu Stein freilich eher
schwärmerisch-patriotischer Art waren; ihre Korrespondenz
hatten – für Stein ein großes Thema – die Tugenden und die Relevanz geschichtlicher Werke für die Gestaltung der Gegenwart
zum Gegenstand. Und schließlich würde man etliche weibliche

russische Adlige nicht übersehen dürfen, die Stein in seinen Petersburger Wochen in ihr Herz geschlossen hatten.

Alle diese Freundinnen und Freunde hatten mit der nicht einfachen Persönlichkeitsstruktur Steins klarzukommen: mit seiner gelegentlichen Schroffheit, seinen Zornesausbrüchen, seiner Prinzipientreue, die man auch Prinzipienreiterei nennen konnte, mit seiner Pedanterie, mit seiner hohen Erwartungshaltung Mitarbeitern und sonstigen Dritten gegenüber. Stein stellte an seine Partner – ganz gleich ob innerfamiliär, dienstlich, im Freundeskreis – Ansprüche, die nicht immer leicht zu befriedigen waren. Aber sein Mitarbeiter, sein Freund, seine Freundin zu sein: das versprach dann doch auch reichen Gewinn. Denn das seichte Gespräch am Rande von Bällen und Soireen, die er seinem ganzen Wesen entsprechend für absolut entbehrlich hielt, der *small talk*, wie man das heute formulieren würde – das war nicht seine Sache. Er suchte, auch im Gespräch, Niveau und Tiefgang, und wer das aufgrund mangelnder Bildung und Belesenheit nicht mitbrachte, der hatte es schwer.

Der Privatsphäre Steins muss schließlich auch das zugeordnet werden, was Steins Namen in der (deutschen) Geschichtswissenschaft auf immer einen besonderen Klang verleiht. Dass Stein in Göttingen bei den Kapazitäten der Zeit auch Geschichte studiert hatte, dass die Geschichte als Leitkategorie in seinem Weltbild einen zentralen Platz einnahm und er nicht zufällig seinen Töchtern gerade in diesem Fach einen intensiven Unterricht erteilte, wurde schon erwähnt. Geschichte hatte für ihn immer eine Funktionalität zur Gegenwart, war für ihn nie nur von antiquarischem Interesse – um die Bibliotheken und Archive der in Westfalen aufzulassenden Stifte und Klöster hatte er sich ganz persönlich gekümmert und ihre Verzeichnung und Ordnung in die besten Hände gegeben, weil er der festen Meinung war, diese Bestände seien integraler kultureller Bestandteil des kollektiven Gedächtnisses der Deutschen. Im Lauf der Zeit entwickelte sich bei Stein ein ganz spezifisches – freilich verklärtes – Mittelalter-Bild, das in der Zeit vom 10. bis 13. Jahrhundert die Glanzzeit des Kaisertums sah, die es wiederzubeleben gelte: eine Zeit, in der Deutschland gegenüber seinen Nachbarn einen deutlichen

Macht- und kulturellen Vorsprung gehabt habe, in der sich im Innern ein genossenschaftliches System größtmöglicher Freiheit ausgebildet habe, das in verhängnisvoller Weise im Spätmittelalter und in der Frühen Neuzeit – den Begriff kannte und benutzte Stein noch nicht! – wieder abgebrochen sei. An diese Glanzzeit müsse ein neues «Deutschland» anknüpfen, und da zu seiner Formierung nichts wichtiger sei als die Geschichte, sei ein elementares Bedürfnis gegeben, sich der Sammlung und Veröffentlichung der Quellen aus jener Zeit zu widmen.

Wir wissen, dass zu dem Zeitpunkt, als das Projekt einer Sammlung aller mittelalterlichen Quellen «Deutschlands» Gestalt annahm, er mit der Ausarbeitung einer «Geschichte der Deutschen» befasst war, eine weit über das bloß Kompilatorische und Annalistische hinausgehende wissenschaftliche Leistung, von der sogar nicht ausgeschlossen werden kann, dass Stein eine Publikation ins Auge gefasst hatte. Die Arbeit an dieser Synthese mag ihm noch einmal ganz konkret die Notwendigkeit verdeutlicht haben, die Quellen zur Frühgeschichte der Deutschen erheben zu lassen und zu edieren. Die Gründung der «Gesellschaft für ältere deutsche Geschichtskunde» und das Unternehmen der *Monumenta Germaniae Historica* sind das große Thema der anderthalben letzten Lebensdekade Steins, also jener Jahre, in denen er auf Dauer kein öffentliches Amt mehr versah. Er hatte nach dem Wiener Kongress wohl instinktiv erkannt, dass das zur neuen Herausforderung seiner letzten Lebensjahre werden könne – Stein hätte bald gesagt: werden müsse!

Das Thema einer Sammlung und Edition der deutschen Quellen des Mittelalters lag nach den Befreiungskriegen gewissermaßen in der Luft, und deswegen hat die Geschichtswissenschaft auch lange und intensiv darüber gestritten, von wo denn eigentlich die entscheidenden Impulse ausgingen, wem das «Erstgeburtsrecht» an der Idee zukomme. Hier liefen in der Tat etliche Fäden parallel, verwoben sich miteinander, und am Ende kam aus dem Knoten das eine Projekt heraus, die *Monumenta Germaniae Historica*. Schon im 18. Jahrhundert hatte es vage Ansätze zu einer solchen Sammlung gegeben, Johannes von Müllers Anregungen in seiner Berliner Zeit sind zu erwähnen und die seit 1814 betriebenen Pläne im Schoß der preußischen Regierung, von denen Stein wenigstens umrisshaft Kenntnis hatte – sein Mitarbeiter in der Zentralverwaltung Eichhorn, vielleicht auch Goethe und der Jurist Friedrich Karl von Savigny, ihm seit 1813 persönlich bekannt, kämen als Gewährsleute in Betracht. Steins Verdienst bei diesen konzentrischen Bemühungen verschiedener Gruppen von Männern ist es, recht früh von dem Konstanzer Generalvikar Wessenberg ein konkretes Programm entwerfen zu lassen und den Gedanken zu entwickeln, als Träger des Unternehmens eine «Gesellschaft» – die nachmalige Gesellschaft für ältere deutsche Geschichtskunde – ins Auge zu fassen. Trotzdem hätte seine Initiative gegenüber der der preußischen Regierung mit an Sicherheit grenzender Wahrscheinlichkeit das Nachsehen gehabt – aber die von Berliner Akademiemitgliedern und Professoren und von hohen Ministerialbeamten vorbereiteten unterschriftsreifen Papiere verschwanden überraschenderweise wieder in der Versenkung, ohne dass bis heute schlüssig geklärt wäre, warum es am Ende nicht zur Ausführung der preußischen Pläne kam.

Dass die Anfänge jenes auch heute noch bestehenden Unternehmens über alle Maßen schwierig waren, leuchtet schnell ein, und es wäre mit einiger Wahrscheinlichkeit wohl auch früh gescheitert, wenn nicht mit dem studierten Historiker und dem bewährten Organisator eine geradezu ideale Konstruktion als Treibsatz fungiert hätte: Es fehlte, obwohl Stein aus seinen privaten Mitteln über die Jahre hinweg erhebliche Summen zuschoss, sowohl an einem finanziellen Grundstock als auch an qualifizierten Mitarbeitern, es fehlten die wissenschaftlichen Voraussetzungen in Gestalt etwa von Editionsrichtlinien oder auch nur von verlässlichen Bibliothekskatalogen, um überhaupt einen Überblick über das Corpus an Quellen zu bekommen. Was die Finanzierung betrifft, so hatte Stein zunächst darauf gehofft, das Ganze werde sich durch Zuschüsse des deutschen Adels sozusagen privat finanzieren lassen, um sich nach einiger Zeit – auch wegen der für ihn völlig unverständlichen Zurückhaltung seiner Standesgenossen – einzugestehen, dass man wohl doch an eine Finanzierung aus «öffentlichen» Mitteln werde denken müssen, in Gestalt etwa von regelmäßigen Zuschüssen der Bundesstaaten oder von Subskriptionen der geplanten Bände. Beim Rekrutieren von Mitarbeitern, bei dem Stein u. a. auf den Rat eines Gremiums von Bundestagsgesandten zurückgreifen konnte, erwies es sich als ein ausgesprochener Glücksgriff, dass mit dem jungen Georg Heinrich Pertz ein Wissenschaftler gewonnen werden konnte, der die *Monumenta* rasch zu seiner Lebensaufgabe machte und später auch deren Präsident werden sollte. Pertz wurde in den 1820er Jahren zur eigentlichen Gestaltungsfigur: zu der Person, die selbst die Archive und Bibliotheken durchforstete, die die ganze Logistik übernahm, die auch für den ersten Band der *Monumenta*, der 1825 erschien, schon die Hauptverantwortung trug. Freilich verhinderte es auch ein solcher «hauptberuflicher» Mitarbeiter nicht, dass personelle Fehlentscheidungen getroffen wurden, dass Personen mit Recherchen beauftragt wurden (und dafür auch Geld erhielten), die weder über das nötige Know-how noch über ein wirkliches Interesse verfügten – ein Beispiel ist der Basler Andreas Merian, der in Paris viel Geld ausgab, aber kaum etwas bewerkstelligte. Um die wissenschaftliche Grundlage des Unternehmens zu schaffen, einen Überblick über das relevante Quellenmaterial zu gewinnen, aber auch um Mitarbeiter in den Regionen zu rekrutieren, ließ Stein seine einzigartigen Verbindungen im In- und Ausland spielen, animierte wohl auch Goethe einmal, einen Überblick über die in den thüringischen Bibliotheken lagernden Quellen zu erstellen, und nutzte seinerseits jede Möglichkeit, in Bibliotheken zu recherchieren – so während seiner Reise mit den beiden Töchtern u. a. in St. Gallen, in Mailand und natürlich, mit Niebuhrs Unterstützung, in Rom. Bei der Rekrutierung von Mitarbeitern konnte er u. a. auf die Mithilfe Erzherzog Johanns, Ernst Moritz Arndts und des Stuttgarter Verlegers Johann Friedrich Cotta zählen.

Dass die *Monumenta*, die formal mit der Begründung der «Gesellschaft» in Frankfurt/M. im Januar 1819 ins Leben traten, eine Erfolgsgeschichte werden sollten, war gleichwohl lange nicht absehbar – manche bitteren Worte Steins sind überliefert, mancher Ärger über seine Direktionskollegen aus dem Kreis der Bundestagsdiplomaten musste hinuntergeschluckt werden, manche Krisensitzungen mit Pertz und anderen Mitarbeitern waren anzusetzen, manche Enttäuschungen waren zu verkraften, wenn der eine oder andere Bundesstaat aus durchsichtigen Gründen sich gegenüber Bitten um Zuschüsse verweigerte oder wenn Standeskollegen auf seine «Bettelbriefe» nicht einmal reagierten. Die Empfehlung des Frankfurter Bundestags, das Unternehmen finanziell oder durch Subskriptionen zu unterstützen, hatte zunächst allenfalls begrenzten Widerhall gefunden. Stein gewann erst seit den mittleren 1820er Jahren den Eindruck, dass das Unternehmen nun auf dem richtigen Weg sei, und hat sich dementsprechend dann auch mehr und mehr zurückgezogen und auch die Auswahl der vorrangig zu berücksichtigenden Quellen Pertz überlassen, nachdem er sich diese Entscheidungen lange selbst vorbehalten hatte. Er erlebte es immerhin noch, die ersten Bände in seiner Hand zu halten und sein Leben in der Gewissheit zu beenden, dass durch seine Initiativen die Quellenforschung in Deutschland einen gewaltigen Aufschwung genommen habe. Ein Stachel ob der mühsamen Anfänge des Unternehmens blieb gleichwohl zurück, und dann konnte Stein auch ungerecht werden; in den mittleren 1820er Jahren brach es einmal aus ihm heraus: «Man macht kostbare naturhistorische Expeditionen von Wien, München und Berlin nach Ägypten, Nubien, Brasilien, dem Kap, man erforscht die Geschichte der Pharaonen, das Leben und Weben der Kolibris, Gazellen und Affen mit und ohne Schwänzen, aber für die Geschichte unseres Volkes geschieht nichts.»

Den nachhaltigen Bemühungen Steins um eine Verwissenschaftlichung und Professionalisierung der Geschichte war es zu verdanken, dass in den Staaten des Deutschen Bundes erstmals Themen wie Archivsicherung und Archivschutz zum Tragen kamen, und zum anderen, dass ihn die damals entstehenden regionalen Geschichtsvereine, deren Gründung in der Regel wohl nicht von der «Gesellschaft für ältere deutsche Geschichtskunde» direkt angestoßen wurde, reihum zu ihrem Ehrenmitglied machten. Diese Vereinsbewegung ist – durchaus neben den

Monumenta – in den Prozess der Konturierung eines vorstaatlichen, sicherlich auch romantisch gefärbten Nationalbewusstseins einzuordnen, vor allem ist sie aber ein Spiegel der partikularstaatlichen Versuche, mittels der Geschichte, der Edition von regionalspezifischen «Altertümern» und der Konstruktion einer gemeinsamen Geschichtslandschaft die Staatsintegration zu befördern, mit der sich ja alle Bundesstaaten nach dem Wiener Kongress konfrontiert sahen. Stein besonders auszuzeichnen, war für viele eine Art Ehrensache: Westfalen verstand sich sozusagen von selbst, aber auch Regionalvereine wie etwa Pommern und Böhmen und lokale wie Erfurt oder Freiburg, mit denen Stein an sich nicht viel verband, trugen ihm die Ehrenmitgliedschaften an. Der 1821 ins Leben getretene Verein für nassauische Geschichte und Altertumskunde, also der für Steins Geburtsort zuständige Verein, fehlt in diesem Reigen bezeichnenderweise.

Denn Stein hat zu seiner eigentlichen Heimat immer mehr Distanz entwickelt, die so weit ging, dass er auch die Menschen seiner engeren Heimat – im Vergleich mit den Westfalen – dann eher abschätzig beurteilt hat. Die immer wieder aufflammenden Streitigkeiten mit dem Herzog hatten das Ihre dazu getan, dass Stein zwar bis weit in die 1820er Jahre hinein die Sommermonate in Nassau verbrachte und bis in diese Jahre auch in Frankfurt noch eine Wohnung unterhielt, und der «gotische» Turm und die Familiengruft in Frücht sorgten zudem dafür, dass eine gewisse emotionale Bindung blieb. Aber gegen Ende seiner Tage war Stein sich selbst völlig darüber im Klaren, dass er eine Metamorphose erlebt hatte, wie sie nur wenigen zuteil wird oder gelingt.

Epilog

Todesgedanken hatten Stein schon seit Jahren, wenn nicht Jahrzehnten verfolgt, und es gibt viele Schreiben – an seine Schwester Marianne, aber auch an engere Freunde –, in denen er sein baldiges Ende voraussagte. Auch das Ableben mancher Freunde seit den ausgehenden 1820er Jahren hat er fast regelmäßig zu Reflexionen über sein eigenes baldiges Ende und dessen Wünschbarkeit genutzt – die Erschütterungen, die etwa das Ableben Solms-Laubachs, Zar Alexanders, Karl Augusts von Sachsen-Weimar, Caroline von Humboldts oder seines westfälischen Freundes Hövel auslösten, sind in den Kondolenzschreiben nachvollziehbar. Zu dieser Todeserwartung, um nicht von Todessehnsucht zu sprechen, trug sicher auch bei, dass es seit längerem um seine Gesundheit nicht zum Besten bestellt war: Vom Podagra, der Gicht, die ihm in seiner Berliner Zeit wiederholt zu schaffen gemacht hatte, war schon die Rede, auch von dem Nervenfieber, das ihn 1813 in Breslau aufs Krankenlager geworfen hatte. Dann machte ihm seit geraumer Zeit sein Augenlicht Sorgen – er war bei einem Düsseldorfer Facharzt in Behandlung, der aber nicht verhindern konnte, dass Stein faktisch einseitig erblindete. Und schließlich versuchten seine Cappenberger Ärzte seit geraumer Zeit, ihn zu einer Änderung seiner Lebensweise zu bewegen; das Übermaß des Genusses von Schweinefleisch und ein Essensrhythmus, der alles andere als gesundheitsfördernd war – die Mittagstafel mit den schweren Gerichten fand um 4 Uhr nachmittags statt –, gaben ihnen Anlass, immer wieder mahnende Worte an den Greis zu richten. Das Roisdorfer Wasser, das er zu sich nahm, konnte allein nicht helfen.

Und dann häuften sich die schlechten Nachrichten: Die Todesfälle von Menschen, zu denen er eine Beziehung hatte, nahmen zu, dass seine älteste Tochter Henriette eine Fehlgeburt hatte, bedrückte ihn schwer, hinzu kamen die Meldungen aus

Belgien und aus Frankreich, die ihn das Schlimmste befürchten
ließen: Revolutionen, die erneut ganz Europa in ihren Bann ziehen würden. Seit den späten 1820er Jahren schon hatte er seine
Dinge zu regeln begonnen: ein neues Testament, das der nach
dem Tod der Ehefrau veränderten Situation Rechnung trug; ein
für die Töchter bestimmter Sachstandsbericht über die Güter;
eine Verzeichnung seiner umfangreichen Bibliothek. Nach seiner Rückkehr vom 3. Westfälischen Provinziallandtag, also seit
dem Ausgang des Januar 1831, nahmen die Beschwerden zu,
die zunächst wie bloße Erkältungen aussahen, dann aber doch
so gefährlich schienen, dass sein Hausarzt Dr. Wiesmann, der
dann kurz nach Steins Ableben einen Bericht über seine letzten
Wochen publizieren sollte, dem wir wesentliche Informationen
verdanken, einen zweiten Mediziner hinzuzog. Die Krise ging,
wohl nicht zuletzt diätetischer Anordnungen wegen, zwar noch
einmal vorüber, und Stein begann im heraufziehenden Frühling
sogar wieder Reisepläne zu schmieden. Aber dann stellte sich
erneut eine schwere Erkältung ein, die wohl auch auf die Lunge
übergriff. Stein stellte sich nun ernsthaft auf sein baldiges Ende
ein, traf die letzten Anordnungen, versammelte alle seine Die-
ner noch einmal um sich, nahm das Abendmahl und ist dann,
wie ein Augenzeuge berichtete, am späten Nachmittag des
29. Juni bei vollem Bewusstsein und voll christlicher Zuversicht
gestorben.

Die Würdigungen – und Stilisierungen – Dritter setzten dann
auch fast unmittelbar nach seiner Beisetzung in Frücht ein, die
zwar unter zahlreicher Beteiligung der lokalen Bevölkerung,
aber in Abwesenheit eines Repräsentanten der Krone Preußen
oder von Vertretern der Städte, die ihn mit der Ehrenbürger-
würde ausgezeichnet hatten, vor sich ging. Als Erster versuchte
sein langjähriger Begleiter und Freund Ernst Moritz Arndt, sich
diese Deutungshoheit anzueignen: in einem mehrteiligen Nachruf in *dem* Presseorgan der damaligen Zeit, der *Augsburger Allgemeinen*, in dem er Stein als den «Feuergeist» darstellte, als
den Staatsmann, der letztlich Napoleon zu Fall gebracht habe
und auf immer im kollektiven Gedächtnis der Deutschen veran-
kert bleiben würde. Wenige Wochen nach diesem – wie üblich

in diesem Organ: ungezeichneten – Artikel kam sein Leibarzt Wiesmann mit dem eben schon genannten kleinen Buch auf den Markt, das nun vollends zur Apotheose wurde: «Strenge Gerechtigkeit, fester Charakter, Biederkeit, Treue, das Gefühl des Edlen und Moralisch-Großen, vor allem aber die Religion, deren großer Verehrer er war, waren die Leiterinnen aller seiner Handlungen. […] In diesem seltenen Manne war die höchste geistige Kraft und Ausbildung, der Geist, das Licht der Seele, durch Helle und Klarheit sich auszeichnend, mit einem weichen und gefühlvollen Herzen, dem Gemüthe, der Wärme der Seele, durch Tiefe und Innigkeit sich auszeichnend, vereint.» Stellenweise hatte diese nur als hagiographisch zu bezeichnende Schrift den Charakter einer Leichenrede, in der möglichst kein Schatten auf den Verewigten fallen soll.

Aber so ging es nicht weiter. Schon im folgenden Jahr – 1832 – wurde die Gestalt Steins in den politischen Tageskampf hineingezogen, als im sächsischen Altenburg ein Buch unter dem sicher problematischen Titel *Erinnerungen an den Preußischen Staats-Minister Freiherrn Karl vom Stein und seine Wünsche für Preußen* erschien, dessen Verfasser Johann Ernst Theodor Janke nur ein Ziel verfolgte: den preußischen Staat auf die Anklagebank zu setzen, weil er Steins Anliegen, seine säkularen, den Grundstein zu wahrer bürgerlicher Freiheit legenden Reformgesetze durch eine «Nationalrepräsentation» abzurunden, nicht mehr gefolgt sei. Panegyrische Elemente können zwar nicht übersehen werden, aber sie treten gegenüber dem Moment, den preußischen Staat massiv der Versäumnisse zu zeihen, deutlich in den Hintergrund. Hier sprach ein Liberaler, der einen «Kronzeugen» brauchte, und es ist vor diesem Hintergrund kaum überraschend, dass das Biographische in diesen «Erinnerungen» kaum noch eine Rolle spielte.

Das wurde fortan das Schicksal der historischen Gestalt Stein: Von vielen Lagern für sich reklamiert zu werden, zu einer Argumentationshilfe im politischen Tageskampf des Vormärz – und auch noch des Nachmärz – zu werden. Selbst die erste wirkliche Biographie, die Steins vieljähriger Mitarbeiter Georg Heinrich Pertz unmittelbar nach der 1848er Revolution zu publizieren begann und die sich am Ende zu einem wahren Epos von sieben Bänden auswuchs, ist davon nicht frei. Dem Monumentisten ging es unter dem Eindruck des Schlüsselereignisses des Vorjahrs darum, ganz im Steinschen Sinn die Unkalkulierbarkeit der Revolution zu beschwören, die – wie er das formulierte – «unglaubliche Verwirrung der sittlichen, politischen und Rechtsbegriffe», und am Beispiel Steins zu veranschaulichen, dass man kein Revolutionär sein müsse, um einen freiheitlichen Umbau des Obrigkeitsstaates zu bewirken. Der Kampf um das erste Stein-Denkmal in Berlin seit den späten 1850er Jahren ist noch einmal ein Exempel dafür, wie stark seine Person in den politischen Strudel der Zeit hineingeraten war und von vielen für sich reklamiert wurde. Aber darüber ist hier nicht mehr zu handeln.

Stein selbst hatte es vermieden, sozusagen in Form einer Autobiographie seine Interpretation seines Lebenswegs und seines Wirkens – und damit auch die in seinen Augen gültige – zu liefern und sich damit geistig-politisch selbst zu verorten. Ihn hatte durchaus sein Platz in der Geschichte beschäftigt, wie verschiedene Interventionen gegen Autoren, die ihm tatsächlich oder vermeintlich Unrecht getan hatten, belegen, aber zu einer Autobiographie, um die ihn verschiedene Verleger in den 1820er Jahren angegangen hatten, hatte er sich nicht überreden lassen, obwohl ein solches Werk sicher auch auf dem Buchmarkt für Furore gesorgt hätte. War das die aus Selbstbescheidung erwachsene Scheu eines historisch geschulten Akteurs, die Arbeit der Historiker nicht präjudizieren zu wollen? Wir wissen es nicht – eine kurze Selbstbiographie, die er Anfang der 1820er Jahre auf Bitten des bayerischen Kronprinzen im Hinblick auf seine zukünftige Aufnahme in die im Planungsstadium befindliche Walhalla zu Papier brachte, war von ihm nie für die Veröffentlichung gedacht gewesen.

Walhalla ist aber zugleich das Stichwort, um noch einmal darauf zurückzukommen, dass Stein seine Platzierung in der Geschichte alles andere als gleichgültig war. Er hat auf seine Weise auch durchaus daran gearbeitet, etwa durch Stiftungen zum Gemeinwohl. So hat er der gerade wieder entstehenden

Universität Bonn seine kostbare Mineraliensammlung geschenkt, den Kölner Museen mittelalterliche Kirchenfenster aus rheinischen Dorfkirchen übereignet, die er vor der Zerstörung gerettet hatte, oder auch zwei Granitpfeiler in der wiederaufgebauten Marienburg in Ostpreußen finanziert. Seines Platzes in den zukünftigen Geschichtsbüchern aber glaubte er ohnehin sicher sein zu können: Auch wenn er diesen Augenblick nicht mehr erleben sollte, war die Perspektive, in die Ruhmeshalle der Deutschen aufgenommen zu werden, für ihn eine Garantie, dass er im kollektiven Gedächtnis seines Volkes einen Ehrenplatz behalten würde.

In der politischen Kultur der Bundesrepublik Deutschland spielt Stein – auch wenn die Stein-Schulen, die Stein-Straßen und die Stein-Plätze nach wie vor nach hunderten zählen – mittlerweile keine Schlüsselrolle mehr, sieht man vielleicht von den professionell mit «Selbstverwaltung» befassten Gremien und Einzelpersonen ab. Das mag in einer tiefen Skepsis der Fachwissenschaft und der «Öffentlichkeit» gegenüber historischen Persönlichkeiten gründen, die von (zu) vielen politischen Systemen für sich vereinnahmt wurden, es mag darin gründen, dass seit den 1980er Jahren andere große Gestalten der preußischen Reformzeit sich nach vorne schoben, beispielsweise Hardenberg, dessen Tagebücher vor kurzem ediert wurden, oder neuestens auch Scharnhorst, dessen private und dienstliche Schriften der Öffentlichkeit zugänglich gemacht werden. Ein Grund für das Zurücktreten des Interesses an Stein mag auch darin liegen, dass seit eben dieser Zeit andere Reformaktivitäten im Deutschland der Übergangszeit neu gewichtet wurden, insbesondere die Reformen in den Rheinbundstaaten. Nicht zuletzt mag das nachlassende Interesse damit zusammenhängen, dass Stein nie zu einem Objekt der internationalen Forschung wurde, sondern immer eine Art «Reservatbezirk» der deutschen Geschichtswissenschaft blieb. Hier blieb der grenzüberschreitende Austausch aus, damit blieben auch die Kontroversen aus – seit der großen Kontroverse zwischen Gerhard Ritter und Franz Schnabel im Gedenkjahr 1931 über die politische Einordnung Steins fehlte und fehlt der große Widerstreit der Meinungen, den auch eine

DDR-Gedenkveranstaltung acht Jahre vor dem Mauerfall nicht mehr auslöste.

Diese zurückgehende Relevanz in der «öffentlichen Meinung» ändert freilich nichts an der historischen Bedeutung einer Gestalt, die in Preußen wesentliche Reformen initiierte und insofern für diesen deutschen Staat das Tor in die Moderne aufstieß, die erheblichen Anteil am sog. Befreiungskrieg gegen das napoleonische System hatte und die für die Formierung der kritischen Geschichtswissenschaft in Deutschland von maßgeblicher Bedeutung war. Insofern wäre es wohl nur recht und billig gewesen, wenn er in das Referenzwerk der *Deutschen Erinnerungsorte* Aufnahme gefunden hätte – in den 1950er Jahren war es noch völlig unstrittig, dass Stein in die repräsentative Sammlung der *Großen Deutschen* aufgenommen wurde. Jedenfalls bleibt Stein auf der Agenda der Geschichtswissenschaft: Etliche weiße Flecken in seiner Biographie sind noch auszufüllen, und im Übrigen hat Deutschland im 19. und 20. Jahrhundert wohl nur wenige Politiker besessen, die eine ähnliche Gedankentiefe, moralische Integrität und Prinzipientreue besaßen wie Stein. Seine Gestalt wäre geeignet, das geläufige Bild von «den Politikern» ohne Visionen, ohne weiterreichende Konzepte und ohne moralische Integrität jederzeit zu revidieren.

Quellen- und Literaturverzeichnis

Genannt werden im Folgenden lediglich die im Text erwähnten und eine Auswahl neuerer – nur selbständig erschienener – Werke.

Bibliographie

URL: http://www.reichsfreiherr-vom-stein.de

Quellen

Freiherr vom Stein, Briefe und amtliche Schriften, bearb. von Erich Botzen-
  hart, neu hrsg. von Walther Hubatsch, 10 Bde., Stuttgart 1957–1974
Die Autobiographie des Freiherrn vom Stein, hrsg. von Kurt von Raumer,
  Münster 1960
Das Reformministerium Stein. Akten zur Verfassungs- und Verwaltungsge-
  schichte aus den Jahren 1807/08, hrsg. von Heinrich Scheel, 3 Bde., (Ost-)
  Berlin 1966–1968
Die Erhebung gegen Napoleon 1806–1815, hrsg. von Hans-Bernd Spies,
  Darmstadt 1981
Quellen zur Geschichte der deutschen Bauernbefreiung, hrsg. von Werner
  Conze, Göttingen 1957
Quellen zur Geschichte des Deutschen Bundes. Abt. I: Quellen zur Entste-
  hung und Frühgeschichte des Deutschen Bundes 1813–1830, Bd. 1 (in
  zwei Teilbänden): Die Entstehung des Deutschen Bundes 1813–1815, be-
  arb. von Eckhardt Treichel, München 2000
Quellen zur kleinstaatlichen Verfassungspolitik auf dem Wiener Kongress.
  Die mindermächtigen deutschen Staaten und die Entstehung des Deut-
  schen Bundes 1813–1815, hrsg. von Michael Hundt, Hamburg 1996

Literatur

Botzenhart, Erich, Freiherr vom Stein, Münster 1952
Bresslau, Harry, Geschichte der Monumenta Germaniae historica, Hanno-
  ver 1921
Conrad, Hermann, Freiherr vom Stein als Staatsmann im Übergang vom
  Absolutismus zum Verfassungsstaat, Köln-Braunsfeld 1958
Dethlefs, Gerd, Die Familie des Freiherrn vom Stein, Münster 2007
Duchhardt, Heinz/Teppe, Karl (Hrsg.), Karl vom und zum Stein. Der Ak-
  teur, der Autor, seine Wirkungs- und Rezeptionsgeschichte, Mainz 2003

Duchhardt, Heinz, «weil [...] Stein die Sonne war, um welche all die anderen kreisten». Das Stein-Bild im Wandel der Zeiten, Mainz/Stuttgart 2004

Duchhardt, Heinz, Stein. Eine Biographie, Münster 2007

Duchhardt, Heinz, Stein-Facetten. Studien zu Karl vom und zum Stein, Münster 2007

Duchhardt, Heinz (Hrsg.), Stein. Die späten Jahre des preußischen Reformers, Göttingen 2007

Duchhardt, Heinz, Mythos Stein. Vom Nachleben, von der Stilisierung und von der Instrumentalisierung des preußischen Reformers, Göttingen 2008

Gembruch, Werner, Freiherr vom Stein im Zeitalter der Restauration, Wiesbaden 1960

Grunwald, Constantin de, Stein. L'ennemi de Napoléon, Paris 1936

Herré, Franz, Freiherr vom Stein. Sein Leben – seine Zeit, Köln 1973

[Janke, Ernst Theodor] Erinnerungen an den Preußischen Staats-Minister Freiherrn Karl vom Stein und seine Wünsche für Preußen, Altenburg 1832

Kielmannsegg, Peter Graf von, Stein und die Zentralverwaltung 1813/14, Stuttgart 1964

Kröger, Kurt (Hrsg.), Reichsfreiherr vom und zum Stein zum 250. Geburtstag. 10. Symposium zur Vermessungsgeschichte in Dortmund [...], o. O. 2008

Lehmann, Max, Freiherr vom Stein, 3 Bde., Leipzig 1902–1905

Lemberg, Margret, Marianne vom Stein und das Stift Wallenstein in Homberg (Efze) und Fulda, Marburg 2007

LWL-Landesmuseum für Kunst und Kulturgeschichte, Münster (Hrsg.), Die Glasgemälde-Sammlung des Freiherrn vom Stein, o. O. u. J. [2007]

Nolte, Paul, Staatsbildung als Gesellschaftsreform. Politische Reformen in Preußen und den süddeutschen Staaten 1800–1820, Frankfurt/M. 1990

Pertz, Georg Heinrich, Das Leben des Ministers Freiherrn vom Stein, 7 Bde., Berlin 1849–1855

Preußische Reformen – Wirkungen und Grenzen. Aus Anlaß des 150. Todestages des Freiherrn vom und zum Stein, [Ost-]Berlin 1982

Raumer, Kurt von, Freiherr vom Stein. Reden und Aufsätze, Münster 1961

Ritter, Gerhard, Stein. Eine politische Biographie, 2 Bde., Stuttgart/Berlin 1931

Rößler, Hellmuth, Reichsfreiherr vom Stein, Göttingen 1957

Rothfels, Hans, Stein und der deutsche Staatsgedanke, Königsberg 1931

Schieder, Theodor/Hubatsch, Walther, Das Jahr 1813 und der Freiherr vom Stein, Münster 1964

Schwab, Dieter, Die ‹Selbstverwaltungsidee› des Freiherrn vom Stein und ihre geistigen Grundlagen, Frankfurt/M. 1971

Seeley, John Robert, Life and times of Stein, 3 Bde., Cambridge 1878, dt. Gotha 1883–1887

Singer, Heinz, Die Mitarbeiter des Freiherrn vom Stein bei seinen Reform-
ideen, Phil. Diss. Heidelberg 1954

Vogel, Barbara (Hrsg.), Preußische Reformen 1807–1820, Königstein 1980

Wiesmann, Johann Heinrich Franz, Seiner Excellenz des ehemaligen Kgl.
Preußischen Staatsministers vom und zum Stein Lebensabend, Münster
1831

Personenregister

C.H.BECK ■ WISSEN
in der Beck'schen Reihe

Zuletzt erschienen: